O MILAGRE DA MANHÃ

para famílias

Hal Elrod,
Mike e Lindsay McCarthy
e Honorée Corder

O Milagre da Manhã

para famílias

Como usar as manhãs para despertar o que há de melhor na sua família

Tradução
Patricia Azeredo

1ª edição

BestSeller
Rio de Janeiro | 2020

CIP-BRASIL. CATALOGAÇÃO NA PUBLICAÇÃO
SINDICATO NACIONAL DOS EDITORES DE LIVROS, RJ

M581 Elrod, Hal
O milagre da manhã para famílias: como usar as manhãs para despertar o que há de melhor em sua família / Hal Elrod ... [et al.]; tradução Patricia Azeredo. - 1ª ed. - Rio de Janeiro: Best Seller, 2020.

Tradução de: The miracle morning for parents and families
ISBN 9788546502134

1. Família - Aspectos psicológicos. 2. Parentalidade. 3. Pais - Conduta. 4. Autorrealização. I. Azeredo, Patrícia.

CDD: 155.646
20-63661 CDU: 159:392.3

Leandra Felix da Cruz Candido - Bibliotecária - CRB-7/6135

Texto revisado segundo o novo Acordo Ortográfico da Língua Portuguesa.

Título original norte-americano
THE MIRACLE MORNING FOR PARENTS AND FAMILIES

Design de capa: Renata Vidal

Impresso no Brasil

ISBN 978-85-465-0213-4

Seja um leitor preferencial Record.
Cadastre-se no site www.record.com.br e receba informações
sobre nossos lançamentos e nossas promoções.

Atendimento e venda direta ao leitor
sac@record.com.br

UM CONVITE ESPECIAL DO HAL

Os fãs e leitores de *O Milagre da Manhã* formam uma comunidade extraordinária de indivíduos com ideias em comum que acordam todos os dias *com um propósito* e se dedicam para atingir o potencial ilimitado que existe em cada um de nós. Por ser o idealizador de *O Milagre da Manhã*, era minha missão criar um espaço na internet em que os leitores e fãs pudessem se conectar, além de obter estímulo, compartilhar as melhores práticas, oferecer apoio mútuo, discutir o livro, publicar vídeos, encontrar parceiros de responsabilização e até trocar receitas e séries de exercícios físicos.

Eu não imaginava que *The Miracle Morning* se tornaria uma das comunidades on-line mais inspiradoras, engajadas e de apoio mútuo do mundo, mas foi o que aconteceu. Estou realmente maravilhado com o nível e o caráter de nossos mais de quarenta mil integrantes, que vêm do mundo todo e crescem diariamente.

Visite **MyTMMCommunity.com** e solicite a inscrição na comunidade *Miracle Morning* no Facebook [em inglês]. Lá você poderá se conectar com outros praticantes do *Milagre da Manhã* (muitos fazem isso há anos), para obter mais apoio e acelerar o seu sucesso nessa jornada.

Eu modero a comunidade e apareço por lá de tempos em tempos. Espero encontrar você por lá!

Se quiser falar comigo nas redes sociais, siga **@HalElrod** no Twitter. E, no Facebook, acesse **Facebook.com/YoPalHal**. Fique à vontade para me mandar uma DM, deixar um comentário ou fazer uma pergunta. Sempre me esforço para responder a cada uma delas, então nos falamos em breve!

DEDICATÓRIAS

HAL

Dedico este livro aos meus incríveis pais e à minha família.

À minha mãe, por dedicar sua vida a me criar e me ensinar os valores de compaixão, altruísmo e trabalho árduo, entre outros que me esforço para partilhar ao longo deste livro.

Ao meu pai, obrigado por sempre acreditar em mim, deixar a vida mais divertida e apoiar os meus sonhos. Fosse trabalhando como DJ aos 15 anos ou vendendo facas Cutco, o seu apoio e crença em mim sempre foram inabaláveis.

À Ursula, minha *esposa para sempre*: você é a primeira pessoa em quem eu penso todos os dias, e meu motivo de gratidão durante o meu *Milagre da Manhã*. Muito obrigado por se dedicar a ser a mãe incrível que nossos filhos merecem, por reservar um tempo para se aperfeiçoar e ainda fazer tanto para ser a base da nossa família. Você é a cola que une o clã Elrod. Eu não poderia fazer o que faço sem você. Te amo demais.

A Sophie & Halsten: ser pai de vocês dois é a maior alegria da minha vida! Vocês são meus seres humanos preferidos neste planeta. Estão destinados a causar um impacto imenso e positivo no mundo, e eu tenho o compromisso de ajudar a cumprir seu potencial e viver a vida dos seus sonhos (enquanto ajudo outros a fazer o mesmo, é claro). Amo vocês dois mais do que consigo expressar em palavras! :)

LINDSAY

Dedico este livro à minha família. Agradeço aos meus pais pelo amor e apoio ao longo dos anos e por me dar tanto raízes quanto asas. Também amo e valorizo meu marido Mike pelo apoio constante e pelo empurrão sutil para que eu seguisse minhas paixões. Sou mais do que grata por Tyler, pois ele foi a inspiração para este livro. Minha querida Ember tem sido meu despertador, minha professora e, mais recentemente, minha parceira de responsabilização.

MIKE

Dedico este livro não só aos meus pais, Jan e Rich, mas a todos os pais incríveis que tomaram a decisão de assumir total responsabilidade pelo crescimento e segurança de seus filhos. Meus pais, especificamente, me apoiaram, sempre me amaram, ficaram do meu lado e nunca desistiram de mim, independentemente de quantas decisões ruins eu tomasse. Também sou profundamente grato aos meus avós, Rich e Ruth McCarthy e Lee e Joe Baruzzi. Eles me encheram de amor e conselhos durante o máximo de tempo que puderam. Amo muito vocês e sinto uma saudade imensa. Também gostaria de agradecer aos meus filhos, Tyler e Ember, por inspirarem este livro, e à minha linda esposa, Lindsay, por tudo o que ela faz para dar suporte à nossa família, por me amar incondicionalmente e pela dedicação inegável para ajudar nossos filhos a florescer em todos os níveis. Este livro foi ideia dela, que trabalhou incansavelmente neste projeto. Tenho muito orgulho da coragem e da força mostradas pela minha esposa. Eu te amo, Lindsay!

SUMÁRIO

PREFÁCIO

Jim Sheils

Tive um mentor que certa vez me disse: "Viva a vida em um ritmo consistente. É o único caminho para a liberdade."

No início isso não fazia sentido, pois eu pensava o contrário. Eu achava que, se mantivesse um ritmo consistente, perderia minha liberdade e seria menos eficaz, além de perder a empolgação, a aventura e até diminuir o sentido e propósito da minha vida como um todo. Afinal, repetir sempre as mesmas ações acaba sendo chato e ineficaz, certo?

Errado.

Eu estava 100% errado. Na verdade, o ritmo eficaz (que é um hábito poderoso quando praticado com regularidade) é o combustível para o sucesso e para uma vida com um significado mais profundo. Em todos os meus estudos e experiências, são as pessoas que vivem em um ritmo consistente que têm mais sucesso e realizações nos níveis profissional e pessoal. O problema é que o ritmo verdadeiramente bom e benéfico para a família é raro, especialmente quando envolve nossos filhos.

Foi exatamente por isso que escrevi *The Family Board Meeting*. Eu queria compartilhar um ritmo envolvente, inspirador e eficaz para famílias do mundo todo, incluindo crianças. Percebi o resultado dessa prática no relacionamento com meus filhos e queria que outras pessoas pudessem ter acesso ao mesmo vínculo.

Um de meus amigos mais próximos, Pete Kuc, me apresentou a Mike e Lindsay McCarthy enquanto curtíamos um dia na praia com a família. A amizade nasceu imediatamente, com base em nossos valores principais: o amor pela família e um enorme desejo de melhorar a educação de nossos filhos. Tínhamos opiniões semelhantes em relação à importância do ritmo e ao uso do desenvolvimento pessoal para o crescimento dos nossos filhos.

Era óbvio que Mike e Lindsay tinham a mesma visão generosa. Eles mergulharam fundo na prática de *O Milagre da Manhã* e criaram adaptações em parceria com Hal para envolver mais os filhos, e estavam se saindo muito bem nesse projeto. Minha esposa e eu rapidamente nos tornamos seus alunos.

Embora Hal e eu tenhamos nos encontrado enquanto fazíamos palestras em vários eventos, pode-se dizer que nenhum de nós estava usando a estratégia um do outro. Foram Mike e Lindsay, exercendo sua capacidade de unir pessoas, que deram um empurrãozinho para que observássemos o trabalho um do outro e colocássemos nossos ritmos em prática. Fico muito feliz que isso tenha acontecido!

Hoje, não apenas sou um grande defensor de *O Milagre da Manhã* como minha família serviu de estudo de caso inicial na aplicação das estratégias de *O Milagre da Manhã para famílias*. Fizemos um desafio de 45 dias com nossos filhos usando as ferramentas deste livro. A cada dia, percebemos maior profundidade e mais vínculo tanto individualmente quanto entre nós, além de uma maior noção de equilíbrio como um todo.

Mike, Lindsay e Hal escreveram um guia para você e seus filhos. Se você conseguir melhorar o começo de cada dia, poderá mudar a trajetória de sua própria vida.

Manter uma família pode ser difícil. Enfrentamos um novo mundo de tecnologia, questões sociais e desafios. Nossos filhos vivem dificuldades que nem imaginávamos que existiriam quando éramos crianças. Uma pergunta está sempre na cabeça: como apoiá-los e melhorar a relação com eles ao mesmo tempo?

Eu me lembro de ter lido que Napoleon Hill disse algo como "O papel mais importante da educação é nos preparar para os assuntos práticos da vida". Infelizmente, essa nem sempre é a prioridade no sistema educacional nos dias de hoje. Como pais, temos a função de preencher essas lacunas e dar aos nossos filhos a melhor educação, a fim de atender a esse importante objetivo.

Tenho certeza de que *O Milagre da Manhã para famílias* tem a chave para o sucesso nessa área.

Existem dois motivos pelos quais acredito neste livro.

Em primeiro lugar, já apliquei os Encantos de Vida em minha família e vi o resultado. Senti mais vínculo entre nós, além de perceber um aumento na confiança e na gratidão em meus filhos e na família como um todo.

Em segundo lugar, sei que os autores deste livro, Mike, Lindsay e Hal, são inspiradores e autênticos mesmo "por trás das cortinas". Muitos gurus de autoajuda por aí são como o Grande e Poderoso Oz: dão um show no palco, mas nos bastidores são omissos, vazios e incoerentes. Tenho muitas ressalvas quanto a aceitar conselhos e orientações de pessoas que apresentam uma imagem e vivem outra, especialmente quando se trata da vida familiar. Mike, Lindsay e Hal são verdadeiros. *O Milagre da Manhã para famílias* é tudo o que se propõe a ser, e traz resultados concretos.

Nem todos os ritmos e conselhos por aí são inspiradores, eficazes e duradouros. É raro encontrar um ritmo que realmente seja eficiente e cumpra o prometido. *O Milagre da Manhã para famílias* vai ajudá-lo a encontrar um que funcione para você.

Com gratidão,

Jim Sheils

PARTE I:

APRESENTAÇÕES

APRESENTAÇÃO DA LINDSAY

"Não são apenas as crianças que crescem; os pais também. Assim como ficamos atentos a tudo o que nossos filhos fazem com a vida deles, eles também nos observam para ver o que fazemos com a nossa. Não posso pedir aos meus filhos que sonhem alto. O que posso fazer é sonhar alto por conta própria."

— Joyce Maynard, escritora e jornalista norte-americana

Eu costumava acordar com o som de pezinhos entrando no quarto e com nossa filha Ember subindo na cama, levantando minhas pálpebras e perguntando: "Mamãe, você está acordada?". Quando nos levantávamos da cama, corríamos para comer e nos vestir, colocar tudo no carro e voar para o ponto de ônibus. Depois de garantir que meu filho Tyler estava são e salvo dentro do ônibus escolar, eu passava o dia correndo atrás da minha filha, limpando a bagunça que ela fazia para em seguida olhar para o lado e encontrar outro caos. Semanas inteiras se passavam enquanto eu ia ao supermercado, frequentava aulas para aprender a lidar com meus filhos e tentava diminuir a eterna montanha de roupas para lavar. Eu não era produtiva nem organizada; simplesmente corria de um lado para o outro, sem tempo nem para respirar. Eu estava sobrevivendo, mas certamente não prosperava.

Eu vivia meu dia a dia no piloto automático e seguia o caminho que a sociedade havia determinado para mim. Juntos, Mike, nossos filhos e eu éramos o retrato da família perfeita e rica. Marido empresário de sucesso, mãe que cuidava da casa e de dois filhos: um garoto, mais velho, e uma menina, caçula. Morávamos em uma casa grande no alto de uma colina, com vista para uma área verde e um rio. A família perfeita e feliz. Mas será que éramos mesmo tudo isso?

Eu não acordava tão empolgada quanto Ember. Ela mal podia esperar para começar o dia caçando borboletas e brincando com blocos de montar, mas eu tinha dificuldade para me arrastar para fora da cama. Algo estava definitivamente errado naquela situação.

Eu procurava respostas, mas nada mudava para nossa família até o dia que ouvi Hal Elrod falar sobre o *Milagre da Manhã* e a combinação singular de práticas matinais diárias chamadas Salvadores de Vida. Eu fazia meditação e escrevia diários havia anos, mas nem sempre de manhã e nunca com frequência. A história de superação de Hal, que enfrentou uma depressão e saiu do fundo do poço, foi tão inspiradora que decidi experimentar. Comecei a praticar o *Milagre da Manhã* e incorporei os Salvadores de Vida à minha rotina.

Mike e eu tínhamos visto uma palestra de Hal na conferência 1Life Fully Lived (www.1LifeFullyLived.org), em Reno, Nevada, em outubro de 2014; li o livro inteiro no voo de volta para casa. Nós nos comprometemos a fazer o *Milagre da Manhã* juntos e mantivemos essa decisão. Após praticar por algum tempo, as crianças entravam em nosso quarto de meditação pela manhã para perguntar o que estávamos fazendo. Explicamos o que eram os Salvadores de Vida e decidimos ensiná-los às crianças para que passassem a fazê-los conosco. E isso virou uma atividade familiar essencial no início do dia.

Corta para 2015, na conferência 1Life Fully Lived da Costa Oeste, em Sacramento, na Califórnia. Hal era novamente a atração principal, mas desta vez eu também era palestrante! O fundador, Tim Rhode, que é um grande amigo nosso, notou minha evolução. Tim reconhece e dá oportunidade às pessoas que cresceram como resultado do trabalho sem fins lucrativos que faz, por isso perguntou se eu aceitaria dar uma palestra sobre quadros de visualização (uma oferta que eu não poderia recusar).

Na recepção de boas-vindas para os palestrantes, conheci Hal e contei que estava ensinando os Salvadores de Vida aos meus filhos e que o *Milagre da Manhã* teve um impacto enorme em nossa família. Ele ficou muito feliz em saber disso! Também contei a ele que nosso filho estava na Califórnia conosco e gostaria de mostrar a Hal seu livro de afirmações. No café da manhã do dia seguinte, Tyler recitou orgulhosamente suas afirmações para Hal, que autografou seu livro, feliz da vida. Hal perguntou a Tyler se ele gostaria de aparecer em um novo livro da série *Milagre da Manhã*. Meu filho ficou tão empolgado que pulou, dizendo: "Sim, sim, sim!". Depois, Hal perguntou a Mike e a mim se estaríamos interessados em conversar sobre um projeto de livro com ele.

Alguns dias depois, acordei no meio da noite com a ideia de escrever um livro infantil usando poemas para cada um dos Salvadores de Vida. Peguei o computador e comecei a digitar. O que saiu foi um haicai para cada um dos Salvadores de Vida, além de exercícios para as crianças fazerem com os pais. Pedi a opinião de Mike sobre meus escritos e ele ficou de enviá-los para Hal, que respondeu no dia seguinte perguntando se gostaríamos de escrever um livro da série *O Milagre da Manhã*, o que obviamente aceitamos. Mal sabia Tyler que seus pais seriam os coautores do livro que Hal iria escrever inspirado nele!

Não vou dizer que nunca mais tivemos manhãs apressadas, mas na maior parte das vezes estamos bem mais felizes. Hoje, quando Ember entra no quarto de manhã, geralmente não estamos mais dormindo. Agora nós a recebemos com um sorriso e um abraço. É um jeito muito mais legal de começar o dia do que ter minhas pálpebras abertas à força. A prática do *Milagre da Manhã* não só tornou nossas manhãs mais tranquilas, como também me ajudou a encontrar coragem e propósito na vida. Melhorei como pessoa e, consequentemente, me transformei em uma mãe melhor. Fazer os Salvadores de Vida antes de as crianças acordarem permitiu que eu colocasse a minha máscara de oxigênio antes de ajudá-las.

Ao praticar o *Milagre da Manhã*, criei coragem para encontrar uma escola para Tyler que nos permitisse ter a vida dos nossos sonhos. Também ganhei confiança para escrever este livro. Corri uma meia maratona, arrecadei mais de mil dólares para a escola de Tyler e passei a dar palestras pela 1Life Fully Lived. Mike e eu ajudamos bastante a organização (em termos financeiros e também "arrumando bundas para sentar nas cadeiras", como diz Tim) a levar o seminário 1Life Fully Lived para a Costa Leste dos Estados Unidos. Minha atividade favorita é ensinar o *Milagre da Manhã* aos meus filhos e trabalhar com eles para tornar a prática mais amigável para as crianças.

Neste livro, vamos falar sobre a importância de ter uma prática matinal e oferecer a você uma abordagem passo a passo para sair da cama. Também vamos mostrar o que fazer na primeira hora depois de sair da cama. Depois, vamos mergulhar nos três princípios nada óbvios para a criação dos filhos. O primeiro é a liderança pessoal: como ser um ótimo modelo de comportamento para seus filhos. O segundo é a engenharia de energia, que ensina você a se cuidar ao máximo para ficar um passo à frente da sua prole. Já o foco inabalável ensina a ganhar eficácia, aumentando sua eficiência. Por fim, vamos apresentar as três características para uma criação excepcional: propósito, diversão e perspectiva.

Não me considero uma *guru* da criação de filhos, e este livro não vai ensinar a ser um pai ou mãe perfeito(a), mas vai orientá-lo a se reencontrar e ser um ótimo modelo de comportamento e pai/mãe para os seus filhos. Nestas páginas, você vai aprender a apresentar o *Milagre da Manhã* para seus filhos e algumas sugestões para adaptar seu *Milagre da Manhã* quando as crianças não cooperarem.

A fim de facilitar o aprendizado dos princípios e contar as histórias do livro, ele foi escrito a partir do meu ponto de vista. Mike e Hal estão conosco em todas as páginas, mas eu vou ser sua guia oficial (exceto pela apresentação de Mike) enquanto ajudamos você a mudar suas manhãs e sua vida.

Antes dos capítulos 3 a 10, incluímos perfis e dicas de criação de filhos fornecidos por alguns dos pais mais sábios e eficazes que conhecemos. Eles também são bem-sucedidos em outras áreas da vida, e acreditamos que o fato de todos esses pais começarem o dia com uma rotina do *Milagre da Manhã* não seja coincidência. Use esses pais excepcionais como exemplos para criar o seu ritual matinal. Mas lembre-se: o que funciona para eles pode não funcionar para você. Toda família precisa tomar decisões com base em suas necessidades, crenças e valores.

Se estiver pronto para ter um tempo para si mesmo todas as manhãs e substituir o caos por receber seus filhos com um sorriso no rosto, você pegou o livro certo.

Lindsay McCarthy

APRESENTAÇÃO DO MIKE

"Se fizéssemos tudo o que somos capazes de fazer, teríamos uma enorme surpresa."

— Thomas Edison, inventor e homem
de negócios norte-americano

Fiz duas mudanças significativas na trajetória da minha vida que me transformaram na pessoa que sou hoje. A primeira foi ser pai, e a segunda foi começar a prática do *Milagre da Manhã*. Tudo isso me inspirou e me preparou para ser uma pessoa melhor em todos os aspectos.

Acredito que uma das maiores jornadas de nossas vidas seja a paternidade/maternidade. Nada é mais importante do que ajudar na criação de pequenos seres humanos, amando-os e dando a eles as ferramentas necessárias para crescer e prosperar, de modo a se desenvolver e compartilhar com o mundo seus dons únicos. Eu sempre soube que queria ser pai, mas os motivos exatos desse meu desejo só ficaram claros para mim quando tive meu primeiro filho. Mesmo assim, isso não aconteceu imediatamente. A cada dia eu aceitava cada vez mais o papel de pai. Minha vida ganhou um novo sentido, o que me trouxe uma sensação profunda de clareza.

Aprendi a dançar com o medo em vez de me sujeitar a ele, e com isso uma nova pessoa surgiu. Eu me transformei e defini novas prioridades para o meu ego, além de melhorar a pessoa que eu era. Comecei a viver para algo além de mim mesmo e me tornei um pai que, por acaso, era empreendedor em série, líder, coach, treinador, marido, filho e agora escritor. Mas o que ficou perfeitamente claro era o fato de ser pai antes de todas essas outras identidades. Essa transformação não aconteceu sem percalços, e algumas vezes eu me perdi ao longo do processo. No fim das contas isso foi bom, pois acabei encontrando o meu verdadeiro eu. Criar meus filhos e praticar os Salvadores de Vida me transformou na pessoa que sou hoje, e continua a moldar a pessoa que serei amanhã. Como pai, estou totalmente comprometido com o propósito de me transformar na melhor versão de mim mesmo e de exercer um impacto positivo no mundo.

Entendi de modo bem nítido que o mundo em que meus filhos vivem precisa ser melhorado, e eu definitivamente tenho que fazer minha parte para que isso aconteça. Às vezes, sinto que tenho o peso do mundo nas costas, então percebo que carrego esse peso feliz se isso significa proporcionar uma vida melhor para minha família (e todas as outras famílias, por sinal). Levo isso a sério porque, quando todos nós fazemos mudanças positivas, o mundo em que nossos filhos vivem se transforma na sua melhor versão possível: um lugar saudável, feliz e harmonioso para viver e crescer.

Sei que não estou sozinho nessa jornada. Muitos outros pais e mães como você dão passos corajosos para o desenvolvimento pessoal e fazem uma grande diferença no mundo que deixarão para seus filhos e netos. Esses pais e mães me inspiram diariamente, e muitos deles contribuíram com histórias para este livro, dividindo suas dificuldades e conhecimentos comigo e com Lindsay. Realmente acredito que, como espécie, estamos acordando para o fato de que precisamos ser os heróis da nossa própria vida. Como disse Mahatma Gandhi: "Seja a mudança que gostaria de ver no mundo". Nós somos.

Temos a oportunidade de melhorar o mundo em apenas uma geração. Enquanto nossos filhos nos veem, aprendem a se tornar as pessoas que precisam ser para fazer a diferença no mundo. Tudo começa com o que ensinamos a eles em casa. Não consigo pensar em uma forma melhor de mudar a consciência do planeta do que ensinar nossos filhos a levantar todos os dias e dar forma à pessoa que desejam ser.

O *Milagre da Manhã* transforma qualquer pessoa que siga seus passos; isso é um fato. Então, se o *Milagre da Manhã* tem esse poder de mudança, que tipo de impacto ele poderia ter em seus filhos ou em sua família? De que forma se comprometer com essa prática diária e simples em família afetaria positivamente você e o mundo como um todo? Quando penso nas famílias que fazem os Salvadores de Vida juntas, no mundo inteiro, me sinto inspirado pelo planeta que estamos criando.

Imagine por um minuto um mundo no qual apoiar e estimular uns aos outros seja normal. Praticar os Salvadores de Vida e ensinar os outros a conquistar as manhãs é uma ferramenta surpreendentemente simples para alcançar isso. Neste novo mundo, ser vulnerável, autêntico e empático será mais valorizado do que os bens materiais, as conquistas ou o tamanho das nossas contas bancárias e casas. Uma vez concentrados no desenvolvimento pessoal, *todo o resto* vai acompanhar e se aperfeiçoar de modo natural.

Quero parabenizar você por escolher este livro e tomar uma atitude em prol da grandeza que está dentro de você e de seus filhos.

Por sinal, não sou especialista em criação de filhos e provavelmente não vou ganhar nenhum prêmio de pai do ano, mas me esforço para ter noção da minha incompetência como pai e como ser humano. Isso significa apenas reconhecer que não sei tudo e que há sempre mais a aprender sobre a vida e a criação de filhos. Você não vai ser um mestre na criação de filhos da noite para o dia. Na verdade, provavelmente vai levar uma vida inteira tentando dominar qualquer assunto. Contudo, se você levantar todas as manhãs e fizer alguma coisa, vai se surpreender ao observar a vida melhorar rapidamente.

Do mesmo jeito que um rio forma um desfiladeiro, você também pode se transformar em alguém que vive plenamente. Isso não acontece em um dia: acontece todos os dias. Como empresário e líder de sucesso, descobri que não há ferramenta mais adequada para melhorar a capacidade de liderar do que praticar o *Milagre da Manhã*. Ele fornece as ferramentas necessárias para liderar com mais eficácia. Quando você conseguir liderar a si mesmo com propósito, será um líder melhor para os outros. Depois, conseguirá liderar sua família ou seu local de trabalho. Espero que a jornada para descobrir o seu potencial ilimitado seja repleta da consciência do quanto você é verdadeiramente qualificado e merece uma vida abundante. Eu acredito em você, mesmo que você ainda não acredite em si mesmo.

Todos nós temos dons e talentos especiais que precisamos trabalhar para descobrir e partilhar com os outros nesta vida. Ler este livro e se comprometer com a prática dos Salvadores de Vida é a próxima etapa para conseguir isso. Boa sorte, *vaya con Dios* e *carpe diem*!

Mike McCarthy

Capítulo 1

POR QUE AS MANHÃS SÃO IMPORTANTES (MAIS DO QUE VOCÊ PENSA)

"Se John Lennon estava certo e a vida é o que acontece enquanto você faz outros planos, criar filhos é o que acontece quando tudo está de pernas para o ar e bagunçado e você não consegue encontrar uma toalha, uma esponja ou a sua voz interior."

— Kelly Corrigan, *Em pleno voo*

"E o prêmio de pessoa NÃO matutina vai para Lindsay." Sim, no passeio da escola na sétima série que durou um fim de semana, minhas colegas de quarto disseram isso. Aparentemente, era tão óbvio que eu odiava as manhãs que isso me definia. Se você me dissesse, na época, que um dia eu escreveria um livro com meu marido estimulando as pessoas a acordar cedo para ser melhores, eu provavelmente diria que você estava louco, mas aqui estamos nós!

Você começa o dia se sentindo sobrecarregado? Posso apostar que a maioria dos pais e mães se sente assim. Alguns nem chegam a programar o alarme, pois o dia começa quando as crianças entram correndo no quarto, cheias de energia, com fome e querendo atenção.

E se você pudesse ter aquele momento de paz e tranquilidade com o qual tanto sonha? Aquele espaço mental limpo e arrumadinho onde é possível recuperar a noção de elegância e dignidade, estar no controle total da situação e seguir adiante de modo disciplinado e protegido? Você sabe que não dá — ou talvez até dê, mas não hoje. Talvez quando as crianças começarem a escola ou saírem de casa para fazer faculdade.

Não surpreende o fato de a maioria dos pais e mães começar o dia procrastinando, deixando as crianças definirem a programação e mandando ao subconsciente o recado de que não têm energia ou vontade de sair da cama. Eles pensam que aquele será outro dia de luta, com os objetivos pessoais e para os filhos voando pela janela, na correria habitual para atender às necessidades imediatas das crianças. Afinal, não dá para discutir quem vem em primeiro lugar. Os filhos sempre serão prioridade, não é?

Além disso, a maioria das pessoas acredita que não é matutina, levando o padrão de procrastinação a aparecer cedo na vida e continuar assim.

Mas e se você pudesse mudar isso?

E se, quando o alarme tocar de manhã, você o considerar o primeiro presente do dia? É o presente do tempo que você vai dedicar a se transformar na pessoa que precisa ser para conquistar os objetivos e sonhos para você e seus filhos enquanto o resto do mundo ainda dorme.

Você pode estar pensando: "*Tudo isso parece ótimo, Lindsay. Mas. Eu. Não. Sou. Uma. Pessoa. Matutina*".

Eu entendo. Sério! Você está dizendo algo que já falei muito. E acredite: eu falhei muitas vezes quando tentava controlar minhas manhãs, mas isso foi antes de descobrir o *Milagre da Manhã*.

Acompanhe o que estou dizendo. Além de querer criar o próximo craque do futebol, aposto que você também quer acabar com seus problemas, ter estabilidade financeira, alcançar seus objetivos e lidar melhor com as emoções intensas e não tão boas geradas por esses desafios. Tudo isso o impede de ser um pai ou mãe eficaz porque afeta a autoestima, gerando sensações ruins em relação a si mesmo e à vida.

Acredito totalmente no conselho dado no início de cada voo: coloque sua máscara de oxigênio primeiro e só depois ajude seu filho. Você não vai conseguir ajudar ninguém se desmaiar por falta de oxigênio.

Muitos pais e mães não enxergam essa simples verdade. Eles pensam que ter sucesso significa colocar suas necessidades em último lugar, e por terem tanto a fazer, a vez de cuidar de suas próprias necessidades nunca chega. Ao longo do tempo, eles acabam exaustos, deprimidos, ressentidos e sobrecarregados.

Parece familiar?

Então, preste atenção no seguinte:

O segredo para tudo está nas manhãs.

Mais importante até que o *horário* de começar o dia é o *mindset* com o qual você começa o dia.

Embora exista uma probabilidade de você estar lendo este livro após vários anos criando filhos, também existe uma boa probabilidade de estar no início dessa jornada, o que significa que você pode estar sobrecarregado e buscando respostas. Se esse for o caso, aprender a praticar o *Milagre da Manhã* enquanto as crianças estão dormindo é importante para garantir que você tenha *o seu tempo* sem interrupções. A parte boa é que, além de valer a pena, é muito mais divertido e recompensador do que você poderia imaginar.

Contudo, antes de ensinar *como* dominar suas manhãs, deixe-me defender o *porquê*. E acredite: depois que descobrir a verdade profunda sobre as manhãs, você nunca mais vai querer desperdiçar o começo do dia.

POR QUE AS MANHÃS SÃO IMPORTANTES

Quanto mais você aproveita o poder das manhãs, mais aumentam as provas de que quem cedo madruga recebe *muito* mais do que a ajuda de Deus. Aqui estão algumas das principais vantagens de utilizar bem as manhãs:

Você será mais proativo e produtivo. Christopher Randler é professor de biologia na Universidade de Educação, em Heidelberg, na Alemanha. Na edição de julho de 2010 do *Harvard Business Review*, Randler afirmou que "pessoas cujo pico de desempenho acontece de manhã estão mais aptas para o sucesso profissional por serem mais proativas do que as pessoas cujo auge acontece à noite". Se existe uma *carreira* em que ser proativo é crucial para o sucesso, essa carreira é a criação de filhos. Como pais e mães, é importante preparar o palco para o dia a fim de criar um ambiente tranquilo para as crianças.

Você antecipará problemas e os resolverá rapidamente. Randler descobriu que pessoas matutinas tinham todas as cartas importantes, pois "conseguem antecipar e minimizar problemas, são proativas, têm maior sucesso profissional e acabam ganhando mais". Ele observou que pessoas matutinas são capazes de antecipar problemas e enfrentá-los com mais calma e facilidade. Se você pensar bem, esse pode ser o segredo para diminuir o nível de estresse, que inevitavelmente aumenta quando você acrescenta filhos à família.

Você planejará como um profissional. Planejar é muito importante para criar os filhos de modo excepcional. Dizem que, *quando não conseguimos planejar, estamos indiretamente planejando o fracasso.* As pessoas matutinas têm tempo para organizar, antecipar e se preparar para o dia. Nossos colegas dorminhocos são reativos, deixando muito por conta do acaso. Você não fica mais estressado quando não ouve o despertador tocar e dorme demais? Levantar com o sol (ou antes) faz você começar bem o dia. Enquanto todos correm para tentar controlar o dia (e fracassam), você terá uma chance muito maior ao manter a calma e o controle da situação.

Você terá mais disposição. Um componente do seu *Milagre da Manhã* será o exercício matinal, que frequentemente é deixado de lado por pais e mães ocupados. Sim, mesmo alguns minutos de exercícios dão um tom positivo ao dia. Levar mais sangue para o cérebro ajuda a pensar com mais clareza e a se concentrar no que é realmente importante. O oxigênio fresco vai permear cada célula de seu corpo, aumentando a disposição. Por isso, pais e mães que se exercitam se sentem mais bem-humorados, em melhor forma física, dormem melhor e são mais produtivos.

Você terá as vantagens de quem madruga. Recentemente, pesquisadores da Universidade de Barcelona, na Espanha, compararam pessoas matutinas (as que gostam de acordar bem cedo) com pessoas noturnas, que preferem dormir e acordar tarde. Entre as diferenças encontradas, as pessoas matutinas tendiam a ser mais persistentes e resistentes à fadiga, frustrações e dificuldades. Isso se traduz em menos ansiedade, depressão e abuso de substâncias, além de maior satisfação com a vida. Para mim, parece ótimo! Uma atitude melhor ajudou Mike e eu a criar um *mindset* mais poderoso, o que, por sua vez, nos ajudou a ser líderes melhores para nossa família e mais unidos nas funções de pais.

As provas estão aqui, e os especialistas dizem: *o segredo para uma vida de sucesso extraordinário está nas manhãs.*

MANHÃS? SÉRIO?

Eu admito. Ir de "*não sou uma pessoa matutina*" para "*eu realmente quero ser uma pessoa matutina*" e finalmente chegar a "*acordo cedo todo dia, é incrível!*" é um processo, mas, após algumas tentativas e erros, você vai aprender a dominar, controlar e frustrar o dorminhoco que existe em você para transformar em hábito o ato de acordar cedo. Muito bem, isso parece ótimo na teoria, mas você pode estar sacudindo a cabeça e pensando: "*Não tem como. Já estou espremendo 27 horas no meu dia, que só tem 24. Como vou acordar uma hora mais cedo?*"

Uma pergunta: como assim você não consegue?

O principal é entender que a prática do *Milagre da Manhã* não consiste em perder uma hora de sono para ter um dia mais longo e árduo, nem é uma questão de acordar mais cedo, e sim de acordar *melhor*.

Milhares de pessoas ao redor do mundo já estão vivendo o *Milagre da Manhã*. Muitas delas eram pessoas noturnas, mas estão conseguindo. Na verdade, estão *prosperando*. E isso não acontece só por terem acrescentado uma hora ao dia, mas por terem adicionado a hora *certa*. E você também pode fazer isso.

Ainda não acredita? Então vou explicar o seguinte: *a parte mais difícil de acordar uma hora mais cedo são os primeiros cinco minutos.* É o momento crucial em que, acomodado na cama quentinha, você decide começar o dia ou aperta o botão de soneca *só mais uma vez.* É a hora da verdade, e a decisão que você tomar vai mudar seu dia, seu sucesso e sua vida.

É por isso que os primeiros cinco minutos são o ponto de partida de *O Milagre da Manhã para famílias.* É a hora de conquistar todas as manhãs! Quando nós, pais e mães, conquistamos a manhã, nossos filhos aprendem a fazer o mesmo.

Nos próximos dois capítulos, vamos tornar o ato de acordar cedo mais fácil e empolgante (mesmo que você *nunca* tenha sido uma pessoa matutina) e ensinar a aproveitar melhor esses recém-descobertos minutos matinais.

Os capítulos 4, 5 e 6 revelarão os princípios nada óbvios para a criação de filhos que se referem a acelerar o crescimento pessoal, saber por que é preciso estruturar a vida para ganhar uma quantidade infinita de disposição e como otimizar a capacidade de manter o foco em seus objetivos e no que é mais importante para você.

Por fim, os capítulos 7, 8 e 9 abordam as habilidades fundamentais que você precisa dominar para ser um pai ou mãe excepcional. E tem até um capitulo bônus escrito por Hal que você vai amar!

Temos muitos assuntos para abordar neste livro, então vamos começar agora.

Capítulo 2

BASTAM CINCO MINUTOS PARA SE TORNAR UMA PESSOA MATUTINA

Se você parar para pensar, apertar o botão soneca de manhã nem faz sentido. É como dizer "Odeio acordar, então acordo repetidamente, de novo e de novo."

— Demetri Martin, comediante

É possível gostar de acordar cedo mesmo sem *nunca* ter sido uma pessoa matutina.

Eu sei que você pode não acreditar nisso agora, e que deve estar pensando: "*Isso pode ser verdade para quem é de acordar cedo, mas acredite, eu já tentei. Simplesmente não sou uma pessoa matutina*".

Só que é verdade, sim. Eu sei porque também já fui assim. Costumava dormir até o último minuto e deixar as crianças me acordarem quando entravam correndo pelo quarto. Mesmo assim, ainda levava um tempo para sair da cama. As crianças eram como um alarme que eu simplesmente não conseguia desligar. Eu era viciada no botão de soneca, como diz Hal, e odiava as manhãs. Odiava levantar da cama.

E agora eu amo.

Como fiz isso? Quando as pessoas me perguntam como me transformei em uma pessoa matutina e mudei a minha vida ao longo do processo, respondo que fiz isso em cinco etapas simples, uma de cada vez. Sei que pode parecer impossível, mas acredite nesta ex-viciada no botão de soneca: é possível. E você pode fazer isso do mesmo jeito que eu fiz.

Esta é a mensagem crucial sobre acordar cedo: é possível mudar. Pessoas matutinas não nascem assim; elas se tornam. Você pode fazer isso. Não é preciso ter a força de vontade de um maratonista olímpico. Eu afirmo que, quando acordar cedo não for apenas algo que você faz e sim *quem você é*, as manhãs vão ser a parte favorita do seu dia. Acordar será para você como é para mim: algo que acontece sem esforço.

Não se convenceu? Abandone a descrença por um instante e me deixe apresentar o processo de cinco etapas que transformou a minha vida. Cinco passos simples e à prova de soneca que tornaram o ato de acordar, mesmo cedinho, mais fácil do que nunca. Sem essa estratégia eu ainda estaria dormindo (ou tirando sonecas) e ativando alarme(s) a cada manhã. Pior: eu ainda estaria me apegando à crença limitante de que não sou uma pessoa matutina.

E teria perdido um mundo de oportunidades.

O DESAFIO DE ACORDAR CEDO

Acordar cedo se assemelha a ensinar seu filho a usar o vaso sanitário: é fácil se empolgar pensando em todas as fraldas que não vai mais precisar trocar, mas você logo percebe que ensinar uma criança a usar o banheiro não é nada fácil. Será necessário passar pela fase dos "acidentes", muito mais trabalhosa do que as fraldas. Após alguns dias desse processo, você vai ficar bem desanimado.

Bom, todos nós sabemos o que vem depois. As boas intenções voam pela janela, as fraldas voltam para a criança e racionalizamos que ela ainda não está pronta (e talvez não esteja mesmo). É mais fácil dizer: "'Talvez amanhã seja um dia melhor para começar", e aí o amanhã se transforma na próxima semana, no próximo mês e até no próximo ano.

As manhãs são parecidas. Neste momento, você pode estar com a motivação nas alturas, mas o que vai acontecer quando o alarme tocar amanhã cedo? O quão motivado você vai estar quando for arrancado de um sono profundo em uma cama quentinha por um alarme (ou criança) berrando em uma casa fria?

Todos nós sabemos onde a motivação vai estar nessa hora: descendo pela descarga e sendo substituída pela racionalização — e a racionalização é inteligente. Em poucos segundos, podemos nos convencer de que só precisamos de uns minutinhos a mais... E, quando nos damos conta, estamos correndo pela casa atrasados para o trabalho e para a vida. De novo.

É um problema difícil. Justamente quando mais precisamos de motivação, nos primeiros momentos do dia, é quando ela parece desaparecer.

A solução está em dar um gás na motivação matinal e fazer um ataque-surpresa contra a racionalização. É isso que os cinco passos a seguir fazem por você. Cada etapa do processo é feita para aumentar o que chamo de Nível de Motivação para Acordar (NMA).

Assim que acorda de manhã, você tem um baixo NMA, o que significa que só quer voltar para a cama quando o alarme toca. É normal. No entanto, ao usar este processo simples de cinco etapas (que leva uns cinco minutos), você vai gerar um alto NMA e ficar pronto para pular da cama e encarar o dia.

A ESTRATÉGIA DE CINCO PASSOS À PROVA DA SONECA PARA DESPERTAR

Primeiro minuto: definir suas intenções antes de dormir.

O primeiro segredo para acordar é entender que o seu primeiro pensamento de manhã geralmente é igual ao último pensamento que teve antes de ir dormir. Aposto que você já teve noites em que mal conseguia dormir, pois estava muito empolgado para acordar na manhã seguinte. Pode ter acontecido quando você era criança, na manhã do Natal ou no dia de sair para uma viagem de férias: assim que o alarme tocava você já abria os olhos, disposto a pular da cama e enfrentar o dia. Por quê? Porque o último pensamento que você teve antes de dormir foi positivo.

Por outro lado, se o seu último pensamento antes de dormir for: "*Ah, droga, não acredito que preciso levantar em seis horas. Vou estar exausto de manhã*", o primeiro pensamento quando o alarme tocar provavelmente será algo como: "*Ah, droga, já se passaram seis horas? Nããããо... Eu só quero continuar dormindo!*"

O primeiro passo é decidir toda noite, antes de dormir, criar uma expectativa positiva para a manhã seguinte de modo ativo e consciente. Isso é tão importante quanto ter uma rotina consistente para colocar as crianças na cama. E nós também podemos sentir os benefícios de nos colocar intencionalmente para dormir.

A fim de ajudar nisso e obter as palavras exatas a serem ditas antes de dormir para criar suas intenções matinais poderosas, basta baixar as *Afirmações da hora de ir para a cama* gratuitamente em **www.TMMBook.com/Brazil.**

Segundo minuto: colocar o despertador do outro lado do quarto.

Se ainda não fez isso, coloque o despertador o mais longe possível da cama. Isso vai obrigar você a levantar e mexer o corpo para desligar o alarme. Movimento cria energia, e levantar da cama para andar pelo quarto ajuda você a acordar naturalmente.

Se você deixar o despertador ao lado da cama, ainda vai estar em estado parcial de sono quando o alarme tocar, e será muito mais difícil acordar. Na verdade, você pode desligar o alarme sem nem perceber! Em algum momento, você provavelmente já se convenceu de que o alarme era apenas parte do sonho que estava tendo. (Você não está sozinho nessa, pode acreditar.)

Obrigar-se a sair da cama para desligar o alarme vai aumentar instantaneamente o NMA. Contudo, você provavelmente vai estar mais dormindo que acordado. Para aumentar um pouco mais o NMA, experimente o próximo passo.

Terceiro minuto: escovar os dentes.

Assim que levantar da cama e desligar o alarme, vá direto para o banheiro e escove os dentes. Aproveite para jogar água quente (ou fria) no rosto. Essa atividade simples vai aumentar ainda mais o NMA.

Agora que seu hálito está refrescante, é hora de continuar.

Quarto minuto: beber um copo de água.

É crucial que você se hidrate logo de manhã. Após seis a oito horas sem água, você vai estar levemente desidratado, o que causa fadiga. Geralmente, quando as pessoas estão cansadas, a qualquer hora do dia, precisam de mais água, não de mais sono.

Comece tomando um copo ou garrafa de água (ou faça como eu: encha o recipiente na noite anterior e deixe tudo pronto para o dia seguinte) e beba na velocidade mais confortável para você. O objetivo é repor a água da qual você se privou durante as horas de sono. (E veja bem: os benefícios da hidratação matinal incluem ter uma pele com aparência mais jovem e manter um peso saudável. Nada mau para um pouquinho de água!)

Esse copo de água deve aumentar mais um pouco o NMA, levando você ao próximo passo.

Quinto minuto: vestir as roupas de ginástica (ou entrar no chuveiro).

O quinto passo tem duas opções. A primeira é vestir roupas de ginástica, sair do quarto e imediatamente começar o *Milagre da Manhã*. Você pode preparar as roupas antes de dormir ou já dormir vestido com elas (sim, é sério). Para pais e mães, a preparação da noite anterior é particularmente importante e ajuda a ir direto à prática. Você pode acrescentar essa parte ao ritual de dormir dos seus filhos para que eles também criem esse hábito.

A segunda opção é entrar no chuveiro. Geralmente, prefiro colocar as roupas de ginástica, já que preciso de um banho após me exercitar, mas muita gente prefere tomar banho antes porque ajuda a acordar e começar bem o dia. A escolha é inteiramente sua.

Independentemente da opção escolhida, após fazer esses cinco passos simples, o seu NMA deve estar alto suficiente a ponto de exigir pouca disciplina para ficar acordado e praticar o *Milagre da Manhã.*

Se você tentasse cumprir esse compromisso assim que o alarme tocou, enquanto estava com um NMA de quase zero, seria uma decisão muito mais difícil de tomar. Os cinco passos criam um embalo, e em poucos minutos você está pronto para começar, em vez de estar grogue.

Nunca fiz esse processo nos primeiros cinco minutos e decidi voltar a dormir. Depois de levantar e me movimentar intencionalmente pela manhã, posso continuar com mais facilidade ao longo do dia.

MAIS DICAS PARA ACORDAR DE *O MILAGRE DA MANHÃ*

Embora essa estratégia tenha funcionado para milhares de pessoas, os cinco passos não são a única forma de facilitar o processo de acordar pela manhã. Aqui estão mais algumas que ouvi de outros praticantes do *Milagre da Manhã*:

- *Afirmações da hora de ir para a cama do* Milagre da Manhã: se você ainda não fez isso, reserve um momento para visitar www.TMMBook.com/Brazil e baixe gratuitamente essas afirmações reenergizantes e definidoras de intenção. Nada é mais eficaz para garantir que você acorde antes do alarme do que programar a mente para conquistar exatamente o que você quer.
- *Configurar um timer para as luzes do quarto*: um integrante da comunidade do *Milagre da Manhã* contou que instalou um timer para as luzes do quarto (você pode comprar um desses pela internet ou na loja de utilidades domésticas mais próxima). Quando o despertador toca, as luzes do quarto acendem. Que ideia incrível! É muito mais fácil voltar a dormir quando está escuro. As luzes acesas dizem à sua

mente e ao seu corpo que é hora de acordar. (Mesmo se você não usar um timer, acenda a luz assim que o despertador tocar.)

- *Configurar um timer para o aquecedor do quarto*: outra fã do *Milagre da Manhã* diz que configura o timer para desligar o aquecedor do quarto quinze minutos antes de acordar durante o inverno. Ela deixa a temperatura um pouco mais fria à noite e bem quente ao acordar para não ficar tentada a voltar para debaixo das cobertas.

Fique à vontade e acrescente algo ou personalize a estratégia de cinco minutos à prova de soneca para acordar. Se tiver alguma dica que gostaria de compartilhar, nós adoraríamos saber. Publique-a na *Comunidade* O Milagre da Manhã, em MyTMMCommunity.com.

Acordar com facilidade todos os dias é uma questão de ter uma estratégia eficaz e pré-estabelecida para aumentar o NMA de manhã. Não espere para experimentar isso! Comece hoje lendo as "Afirmações da hora de ir para a cama de *O Milagre da Manhã*", coloque o despertador do outro lado do quarto, um copo de água na cabeceira da cama e comprometa-se com os outros dois passos para a manhã.

COMO PASSAR DE INSUPORTÁVEL A IMBATÍVEL (EM TRINTA DIAS)

Incorporar qualquer novo hábito exige um período de adaptação: não espere que isso seja fácil desde o primeiro dia, mas assuma consigo mesmo o compromisso de seguir com o desafio. Os primeiros dias parecem insuportáveis, mas são apenas temporários. Embora exista muita discussão sobre o tempo necessário para criar um novo hábito, definitivamente bastam trinta dias para testar sua nova rotina matinal.

Ao fazer o desafio do *Milagre da Manhã* para transformação de vida em trinta dias, veja o que você pode esperar ao construir sua nova rotina.

Primeira fase: insuportável (1º ao 10º dia)

É na primeira fase que qualquer nova atividade exige o maior esforço consciente, e o mesmo vale para acordar cedo. Você está lutando contra hábitos antigos, que estão entranhados em *quem você é* por vários anos.

Nesta fase, é o poder da mente sobre a matéria. Se você concentrar sua mente, vai dominar a matéria! O hábito de deixar as crianças acordarem você ou de apertar o botão de soneca se os seus filhos dormem até mais tarde e não aproveitar o dia ao máximo é o mesmo que impede você de ser o pai ou mãe incrível que poderia ser. Então, continue firme e siga em frente.

Na primeira fase, enquanto luta com padrões existentes e crenças limitantes, você vai descobrir quem realmente é e do que é capaz. É preciso se esforçar, manter o compromisso com sua visão e continuar firme. Pode acreditar quando eu digo que você consegue!

Sei que no quinto dia pode ser difícil perceber que ainda faltam outros 25 para completar a transformação em uma pessoa matutina. Tenha em mente que no quinto dia você já terminou mais da metade da primeira fase e continua firme no caminho. Lembre-se: os sentimentos iniciais não vão durar para sempre. Na verdade, você deve perseverar porque, em pouco tempo, vai obter os resultados que procura e se transformar na pessoa que sempre desejou ser!

Segunda fase: desconfortável (11º ao 20º dia)

Na segunda fase, o corpo e a mente começam a se adaptar a acordar mais cedo. Você nota que levantar começa a ficar um pouco mais fácil, mas ainda não é um hábito, pois não faz parte de quem você é e provavelmente não vai parecer natural.

A maior tentação nesta fase é se recompensar com uma pausa, especialmente nos fins de semana. Uma pergunta publicada frequentemente na Comunidade do *Milagre da Manhã* é: "Quantos dias por semana vocês levantam cedo para o *Milagre da Manhã*?" Nossa resposta, a mais comum entre os praticantes de longa data do *Milagre da Manhã* é: *todos os dias.*

Quando terminar a primeira fase, o período mais difícil terá passado. Então, continue em frente! Por que você iria querer enfrentar a primeira fase de novo ao tirar um ou dois dias de folga? Acredite: não é uma boa ideia, portanto fuja disso!

Terceira fase: imbatível (21º ao 30º dia)

Acordar cedo não só é um hábito como faz parte de *quem você é* e da sua identidade. O corpo e a mente se acostumaram a esse novo jeito de ser. Os próximos dez dias são importantes para consolidar o hábito em você e na sua vida.

Ao praticar o *Milagre da Manhã*, você também vai desenvolver um apreço pelas três fases da mudança de hábito, além de perceber o benefício extra de identificar, desenvolver e adotar qualquer hábito que seja útil para você, incluindo aqueles associados à criação dos filhos de modo excepcional que incluímos neste livro.

O que eu FAÇO com as minhas manhãs?

Você deve estar pensando: "*Trinta dias. Eu posso acordar cedo por trinta dias... Mas o que eu* FAÇO *com esse tempo a mais?*"

É aí que a magia começa. Vou apresentar as rotinas que formam a essência do *Milagre da Manhã*. Elas se chamam Salvadores de Vida e são os hábitos que vão transformar suas manhãs, sua vida e sua família.

AGIR IMEDIATAMENTE

Não há necessidade de esperar para criar um futuro novo e incrível. Como disse Tony Robbins: "Quando é que AGORA vai ser um bom momento para fazer o que você precisa?" Agora realmente seria perfeito! Na verdade, quanto mais rápido você começar, mais rápido vai perceber os resultados, incluindo aumento na disposição, no bom humor, e claro, em uma vida doméstica mais feliz.

Primeiro passo: defina o alarme para uma hora mais cedo do que você costuma acordar e faça questão de anotar na agenda para fazer o seu primeiro *Milagre da Manhã*... Amanhã cedo. Se você permite que os seus filhos o acordem, acabe com isso agora. O segredo é levantar uma hora antes deles para conseguir praticar antes do ataque das crianças!

A partir de hoje, e durante os próximos trinta dias, deixe o alarme programado para sessenta minutos mais cedo do que você costuma acordar. Assim, você vai conseguir levantar quando *quiser* em vez de quando *precisar*. É hora de começar cada dia com um *Milagre da Manhã* e se transformar na pessoa que precisa ser para levar seus filhos e sua família a níveis extraordinários.

O que você vai fazer com essa hora a mais? A resposta virá no próximo capítulo, mas por enquanto continue lendo este livro durante o *Milagre da Manhã* até aprender a rotina completa.

Segundo passo: participe da Comunidade do *Milagre da Manhã* em MyTMMCommunity.com [em inglês] para se conectar e obter o apoio de mais de quarenta mil madrugadores com a mesma mentalidade. Muitos deles vêm obtendo resultados extraordinários com o *Milagre da Manhã* há anos.

Terceiro passo: encontre um parceiro de responsabilização do *Milagre da Manhã*. Procure alguém (seu cônjuge, um amigo, parente ou colega de trabalho) que acompanhe você nessa nova aventura para estimular, apoiar e se responsabilizar mutuamente para seguir em frente até que a prática do *Milagre da Manhã* faça parte da sua vida.

Capítulo 3

SALVADORES DE VIDA

Seis práticas que vão poupá-lo de uma vida de potencial não atingido

O que Hal fez com os Salvadores de Vida foi reunir as melhores práticas criadas ao longo de séculos de desenvolvimento da consciência humana e condensar as mais eficazes em um ritual matinal diário. Um ritual que agora faz parte do meu dia.

Várias pessoas fazem um dos Salvadores por dia. Por exemplo, muita gente pratica exercícios físicos todos os dias pela manhã. Outras preferem o silêncio, a meditação, a escrita ou mantêm um diário. Contudo, até Hal criar os Salvadores, ninguém fazia todas as seis melhores práticas diariamente. O Milagre da Manhã é perfeito para as pessoas muito ocupadas e bem-sucedidas. Fazer os Salvadores de Vida todas as manhãs é como abastecer o corpo, a mente e o espírito com combustível de foguete antes de começar o dia, todos os dias.

— Robert Kiyosaki, autor do livro
de sucesso *Pai rico, pai pobre*

Após ler a citação acima, você deve estar pensando: "*Bom, isso não se aplica a mim. Sou apenas uma mãe (ou pai)*". A expressão "pessoas muito ocupadas e bem-sucedidas" raramente é usada para descrever pais e mães.

Na verdade, as palavras "pai" e "mãe" têm maior probabilidade de conjurar imagens de uma pessoa estressada e sobrecarregada tentando sobreviver a cada dia. A imagem vai ser igualmente precisa se incluir uma bolsa de fraldas ou os boletos do cursinho pré-vestibular. Criar filhos hoje em dia é um trabalho muito cansativo.

E é exatamente por isso que os Salvadores de Vida foram escritos especialmente para você.

Quando Hal vivenciou o segundo dos seus dois fundos do poço, sobre os quais você pode ler no livro *O Milagre da Manhã*, ele começou a busca pela estratégia mais rápida e eficaz para levar o desenvolvimento pessoal a outro patamar e procurou as melhores práticas utilizadas pelas pessoas mais bem-sucedidas do mundo.

Após descobrir as seis práticas de desenvolvimento pessoal mais atemporais e eficazes do mundo, primeiro Hal tentou determinar uma ou duas que seriam capazes de acelerar seu sucesso. Depois, fez uma pergunta simples: o *que aconteceria se eu fizesse* TODAS *elas?*

POR QUE OS SALVADORES DE VIDA FUNCIONAM?

Os Salvadores de Vida são práticas diárias simples e profundamente eficazes que vão lhe permitir planejar e viver a vida como desejar. Eles são feitos de modo a começar o dia no auge físico, mental, emocional e espiritual para que vocês dois se sintam incríveis, tenham um aperfeiçoamento constante e SEMPRE tenham o melhor desempenho.

Eu sei, seu sei. Você não tem tempo. Antes de começar a prática do *Milagre da Manhã*, nós acordávamos no meio de um caos completo e mal tínhamos tempo para vestir e alimentar todo mundo antes de sair para a primeira atividade do dia. Não sei quantas vezes Tyler perdeu o ônibus escolar porque eu não estava pronta, e, por estar no jardim da infância, ele não podia ir sozinho. Frequentemente eu dizia "Anda logo!"

e "Desculpe, você não pode comer ovo hoje. A mamãe não tem tempo de preparar". Você provavelmente pensa que mal consegue dar conta dos afazeres que já tem, quanto mais do que deseja fazer, mas eu também não tinha tempo antes de começar com o *Milagre da Manhã*. E agora tenho mais tempo, prosperidade e uma vida familiar mais tranquila do que nunca.

O que você precisa perceber agora é: o *Milagre da Manhã* vai criar tempo para você. Os Salvadores de Vida são o veículo para ajudá-lo a se reconectar com sua verdadeira essência e acordar com um propósito em vez de obrigações. Essas práticas ajudam a ter disposição, ver as prioridades com mais clareza e encontrar o fluxo mais produtivo da sua vida.

Em outras palavras, os Salvadores de Vida não tiram tempo do seu dia, e sim acrescentam.

Cada um dos Salvadores de Vida representa uma das melhores práticas utilizadas pelas pessoas mais bem-sucedidas do planeta. E são as mesmas atividades que trazem novos níveis de paz, clareza, motivação e disposição para sua vida:

Silêncio
Afirmações
Visualização
Exercícios
Leitura
Escrita

Estas práticas são o melhor jeito de usar o tempo que você acabou de ganhar de manhã. Elas são personalizáveis e se adaptam ao seu estilo de vida e objetivos específicos. E você já pode aplicá-las quando acordar amanhã cedo.

Vamos analisar cada um dos Salvadores de Vida em detalhes.

SILÊNCIO

O silêncio, a primeira prática dos Salvadores de Vida, é um hábito crucial para pais e mães. Se você já começa o dia cercado por um bombardeio de crianças famintas, lição de casa, projetos da escola que tomaram conta das paredes, brinquedos na altura do joelho em todos os cômodos, além do planejamento de refeições, fraldas e roupas sujas, esta é a sua oportunidade de PARAR e RESPIRAR!

Assim como nós fazíamos antes da prática do *Milagre da Manhã*, a maioria das pessoas acorda quando as crianças invadem o quarto, empolgadas para começar o dia. E a maioria das pessoas corre de manhã até a noite, lutando o dia inteiro para recuperar o controle. Não é coincidência. Começar os dias com um período de silêncio vai reduzir imediatamente o seu nível de estresse e ajudar a iniciar o dia com a calma e a clareza de que você vai precisar para se concentrar no que realmente importa.

Para os pais e mães que estão cercados de crianças agitadas, o silêncio é raríssimo. Lembre-se: várias pessoas bem-sucedidas no mundo praticam o silêncio todos os dias. Isso mostra o quanto ele é importante. Não surpreende que Oprah pratique a quietude e quase todos os outros Salvadores de Vida. A cantora Katy Perry é adepta da meditação transcendental, assim como Sheryl Crow e sir Paul McCartney. Os astros e estrelas do cinema e da TV Jennifer Aniston, Ellen DeGeneres, Jerry Seinfeld, Howard Stern, Cameron Diaz, Clint Eastwood e Hugh Jackman já falaram sobre a prática diária de meditação. O magnata do hip hop Russell Simmons medita com suas duas filhas por vinte minutos todas as manhãs. Até mesmo bilionários famosos como Ray Dalio e Rupert Murdoch atribuíram o sucesso financeiro à prática diária da quietude. Você vai estar em boa (e silenciosa) companhia quando fizer o mesmo.

Se passei a impressão de que estou pedindo para você não fazer nada, deixe-me elucidar: há várias escolhas para a prática do silêncio. Sem qualquer ordem específica, aqui estão algumas para começar:

- Meditação
- Oração
- Reflexão
- Respiração profunda
- Gratidão

Independentemente da escolha, o importante é não ficar na cama durante esse período de silêncio. Se você sair do quarto, vai ser melhor ainda.

Em uma entrevista à revista *Shape*, a atriz e cantora Kristen Bell disse: "Faça ioga meditativa por dez minutos todas as manhãs. Quando você tiver um problema, seja estresse com o trânsito, com o parceiro ou no trabalho, a meditação permite que tudo ocorra como deveria."

E não tenha medo de expandir os horizontes. A meditação acontece de várias formas. Como afirmou Angelina Jolie à revista *Stylist*: "Eu encontro a meditação sentada no chão com meus filhos e colorindo por uma hora ou pulando na cama elástica. Você faz o que ama, fica feliz e esta é a sua meditação."

Os benefícios do silêncio

Como pais e mães, quantas vezes nós vivemos situações estressantes? Quantas vezes lidamos com as necessidades imediatas que nos afastam da nossa visão ou do nosso plano? O estresse é um dos efeitos colaterais mais comuns da criação dos filhos. Enfrentamos as eternas distrações de outras pessoas invadindo a nossa rotina e os inevitáveis incêndios que precisam ser apagados. Os filhos têm a estranha capacidade de apertar nossos "botões de estresse". Eles nos avisam que precisam fazer xixi quando acabamos de pegar uma via expressa (após termos perguntado cinco minutos antes se eles precisavam ir ao banheiro). Eles desenham em paredes recém-pintadas com caneta. Ou talvez joguem um iPad no chão quando ficam com raiva e quebrem a tela.

O estresse excessivo é terrível para a saúde. Ele ativa a resposta de luta ou fuga no cérebro, liberando uma cascata de hormônios nocivos que podem permanecer no corpo por vários dias. Se você vive esse tipo de estresse apenas de vez em quando, tudo bem. Mas o estresse constante da vida com filhos mantém a adrenalina fluindo o tempo todo, aumentando o impacto negativo na saúde. Acalmar a mente permite colocar tudo isso de lado e se concentrar em si mesmo e em sua visão para criar seus filhos.

O silêncio na forma de meditação reduz o estresse e melhora a saúde. Um grande estudo realizado por vários grupos, incluindo o National Institute of Health, a Associação Médica Americana, a Clínica Mayo e cientistas de Harvard e Stanford revelou que a meditação reduz o estresse e a hipertensão. Um estudo recente feito pelo Dr. Norman Rosenthal, psiquiatra de renome mundial que trabalha com a David Lynch Foundation, descobriu que praticantes de meditação têm uma probabilidade 30% menor de morrer de doenças cardíacas.

Outro estudo de Harvard descobriu que apenas oito semanas de meditação podem levar ao "aumento na densidade da massa cinzenta no hipocampo, conhecido pela importância para o aprendizado e a memória, além das estruturas associadas a compaixão, introspecção e autoconhecimento".

A meditação ajuda a desacelerar e a se concentrar em você, mesmo que seja apenas por um breve período de tempo. Comece a praticar meditação e diga adeus ao "cérebro da mamãe", que vive tendo lapsos de memória após a maternidade.

"Comecei a meditar por sentir que precisava fazer minha vida parar de me controlar", explicou a cantora Sheryl Crow. "A meditação ajudou a desacelerar o meu dia." Ela reserva diariamente vinte minutos de manhã e outros vinte à noite para a meditação.

Monica Dix, mãe e participante da Comunidade do *Milagre da Manhã*, contou a seguinte história: no café da manhã, a filha de 5 anos disse a ela: "Gosto quando você finge que está no alto de uma montanha." Monica perguntou o que ela queria dizer com isso e a menina respondeu: "Quando você está fingindo que está em uma montanha e o céu está limpo e você está apenas respirando." Monica perguntou: "Você quer dizer quando estou meditando?", e a filha respondeu: "Sim!" Ela fez uma pausa e continuou: "Queria que você fizesse mais isso; você está sendo uma boa mamãe." É tão estimulante quando nossos filhos veem o esforço que fazemos por eles e torcem por nós!

Ficar em silêncio abre um espaço para colocar sua máscara de oxigênio antes de ajudar os outros. Os benefícios são extraordinários e podem trazer a clareza e a paz de espírito tão necessárias para nossa vida. Em outras palavras, praticar o silêncio ajuda a reduzir o estresse, aumentar o desempenho cognitivo e ganhar confiança como pais ou mães.

Meditações guiadas e aplicativos de meditação

A meditação é como tudo na vida. Se você nunca fez isso antes, pode ser difícil ou parecer estranho no começo. Caso esteja meditando pela primeira vez, recomendo começar com uma meditação guiada.

Aqui estão alguns dos meus aplicativos de meditação prediletos disponíveis para iPhone/iPad e dispositivos Android:

- Headspace
- Calm
- Omvana
- Simply Being
- Insight Timer

Existem diferenças sutis e significativas entre esses aplicativos de meditação, e uma delas é a voz do guia de meditação.

Se você não tem um dispositivo que permita baixar aplicativos, basta ir ao YouTube ou Google e pesquisar as palavras-chave "meditação guiada". Nossa Spirit Coach© Jenai Lane tem uma meditação guiada de cinto minutos disponível em seu site, e você pode acessá-la ao se inscrever no curso on-line gratuito em: http://www.spiritcoachtraining.com/freecourse/. Foi assim que Mike e eu começamos a praticar a meditação.

Meditação (individual) de *O Milagre da Manhã*

Quando estiver pronto para tentar meditar sozinho, aqui está uma meditação simples e didática que você pode usar durante seu *Milagre da Manhã*, mesmo que nunca tenha feito isso antes.

Antes de começar, é importante se preparar e definir expectativas. Este é o momento de aquietar a mente e abrir mão da necessidade compulsiva de pensar em algo, como reviver o passado ou se preocupar com o futuro sem viver totalmente no presente. Este é o momento de se desligar do estresse, dar uma pausa na preocupação com seus problemas e estar presente. É o momento de acessar a essência de quem você realmente é, de ir mais fundo do que suas posses, o que você faz ou os rótulos que aceitou para definir quem você é. Se isso parece estranho ou "hippie" demais, não tem problema. Eu também me senti assim. Deve ser porque você nunca experimentou, mas felizmente está prestes a fazer isso.

- Encontre um local calmo e confortável para sentar: sofá, cadeira, chão ou almofada.
- Sente-se com a coluna ereta e de pernas cruzadas. Você pode fechar os olhos ou olhar para um ponto no chão, cerca de dois metros à frente.
- Comece mantendo o foco na respiração lenta e profunda. Inspire pelo nariz, expire pela boca e respire pela barriga em vez do tórax. A respiração mais eficaz deve fazer a barriga se expandir, não o peito.
- Agora comece a acertar o ritmo da respiração, inspirando lentamente em uma contagem de três segundos (dizendo mentalmente "mil e um, mil e dois, mil e três") e depois expire lentamente em uma contagem de três segundos ("mil e um, mil e dois, mil e três"). Sinta os pensamentos e as emoções se acalmarem enquanto se concentra na respiração. Tenha consciência de que, ao tentar acalmar a mente, os pensamentos ainda vão tentar retornar. Apenas reconheça a existência deles e deixe-os ir embora, sempre voltando o foco para a respiração.
- Permita-se estar totalmente presente neste momento. Algumas pessoas chamam isso de *ser*. Não pensar, não fazer, apenas *ser*. Continue a se concentrar na respiração e se imagine inspirando energia positiva, amorosa e tranquila e expirando todas as preocupações e o estresse. Aprecie a quietude, aprecie o momento. Apenas respire... Apenas seja.

- Se você tiver um fluxo constante de pensamentos, talvez seja bom se concentrar em uma palavra ou frase e repeti-la mentalmente enquanto inspira e expira. Por exemplo, você pode experimentar algo como: "Eu inspiro confiança..." (ao inspirar), "Eu expiro medo..." (ao expirar). Você pode substituir a palavra "confiança" por algo que precise trazer mais para sua vida (amor, fé, energia etc.) e substituir a palavra "medo" por algo de que precise se livrar (estresse, preocupação, ressentimento etc.)

A meditação é um presente que você pode dar a si mesmo todos os dias. O tempo que passo meditando se tornou uma das partes favoritas da rotina do *Milagre da Manhã*. É o momento de estar em paz, vivenciar a gratidão e se libertar dos estresses e preocupações do dia a dia.

Pense na meditação diária como férias dos seus problemas. Embora os problemas continuem lá quando a meditação terminar, você vai descobrir que está muito mais equilibrado e preparado para resolvê-los.

AFIRMAÇÕES

Você já se perguntou por que alguns dos melhores pais e mães ao seu redor parecem bons em *tudo* o que fazem? Ou por que outros parecem fracassar em tudo? Em geral, eu suspeito de que o *mindset* é o principal fator para a eficácia deles.

Professores, outros pais e mães, médicos e principalmente seus filhos podem sentir seu *mindset*. Ele se mostra de modo inegável na linguagem, na confiança e no comportamento. A atitude afeta todo o processo de criação de filhos, desde o momento em que você está dando café da manhã às crianças até a hora em que vai buscá-las na escola quando ficam de castigo. Mostre-me alguém com um *mindset* bem-sucedido e eu mostrarei um ótimo pai ou mãe.

Contudo, sei por experiência própria o quanto pode ser difícil manter a confiança, o entusiasmo e a motivação durante a montanha-russa que começa no dia em que você traz o seu filho da maternidade. O *mindset* é algo que adotamos inconscientemente. No nível subconsciente, fomos programados para pensar, acreditar, agir e ter um diálogo interno de determinada maneira.

Essa programação é resultado de muitas influências, incluindo o que outras pessoas nos falaram, o que dizemos a nós mesmos e todas as experiências que vivemos, tanto boas quanto ruins. Essa programação se mostra em todas as áreas da vida, incluindo o comportamento diante dos nossos filhos, e isso significa que se desejamos melhorar a dinâmica familiar, é preciso atualizar a programação mental.

As afirmações são uma ferramenta para fazer exatamente isso. Elas permitem que você seja mais intencional em relação aos seus objetivos, oferecendo o estímulo e o *mindset* positivo necessários para conquistá-los. Ao articular repetidamente quem você quer ser, o que deseja conquistar e como fará isso, a mente subconsciente mudará suas crenças e comportamentos. Quando você passar a acreditar e agir de novas maneiras, começará a manifestar suas afirmações, tornando-as realidade.

A ciência já provou que as afirmações, quando feitas corretamente, são uma das ferramentas mais eficazes para se transformar rapidamente na pessoa que você precisa ser para conquistar tudo o que deseja na vida, para você e seus filhos. Mesmo assim, as afirmações têm má fama. Muita gente já tentou fazê-las e se decepcionou ao ter pouco ou nenhum resultado.

POR QUE O JEITO ANTIGO DE FAZER AFIRMAÇÕES NÃO FUNCIONA?

Por décadas, incontáveis "especialistas" e "gurus" ensinaram afirmações de modo comprovadamente ineficaz, levando pessoas ao fracasso. Aqui estão os dois problemas mais comuns relacionados às afirmações.

Mentir para si mesmo não funciona

Eu sou o melhor pai ou a melhor mãe do mundo. Não, você não é.
Tenho 7% de gordura corporal. Não, você não tem.
Conquistei todos os meus objetivos este ano. Desculpe, mas não conquistou.

Criar afirmações como se você já tivesse se transformado ou conquistado algo pode ser o maior motivo delas não funcionarem para a maioria das pessoas.

Com essa técnica, toda vez que você recita uma afirmação que não se baseia na verdade, o subconsciente resiste. Como você é um ser humano inteligente e que não está delirando, mentir para si mesmo nunca será a melhor estratégia. *A verdade sempre prevalecerá.*

A linguagem passiva não produz resultados

Muitas afirmações são feitas para que você se sinta bem ao criar uma promessa vazia de algo que deseja. Por exemplo, esta é uma afirmação sobre dinheiro bastante popular que vem sendo perpetuada por muitos gurus famosos no mundo inteiro:

Sou um ímã de dinheiro. O dinheiro flui para mim sem esforço e em abundância.

Esse tipo de afirmação pode fazer você se sentir bem naquele momento, proporcionando uma falsa sensação de alívio das preocupações financeiras, mas não vai gerar renda alguma. Quem fica sentado esperando o dinheiro chegar magicamente acaba sem ele.

Para gerar o tipo de abundância que você deseja (ou qualquer resultado, por sinal), é preciso agir. As ações precisam estar alinhadas aos resultados desejados, e suas afirmações precisam articular e afirmar ambos.

QUATRO PASSOS PARA CRIAR AFIRMAÇÕES QUE MELHORAM SUAS HABILIDADES PARA CRIAR FILHOS

Estes são quatro passos simples para criar e implementar afirmações de *O Milagre da Manhã* que trarão frutos e programarão sua mente consciente e subconsciente para produzir resultados e levar seu nível de sucesso pessoal e na criação de seus filhos para além de tudo o que você já vivenciou

Primeiro passo: identificar o resultado extraordinário que você se compromete a alcançar e por quê

Observe que não estou começando com o que você quer. Todos queremos algo, mas não conseguimos o que queremos: conseguimos o que nos comprometemos a conseguir. Você quer ser um modelo de comportamento para seus filhos? Quem não quer? Junte-se a este clube, que está longe de ser exclusivo. Ah, espere aí: você está totalmente comprometido a se transformar em um ótimo modelo de comportamento para seus filhos, elucidando e executando as ações necessárias até obter esse resultado? Agora sim podemos conversar.

Ação: comece escrevendo um resultado específico e extraordinário que o desafie e tenha o poder de melhorar significativamente a vida familiar, o qual você esteja pronto para se comprometer a criar, mesmo que ainda não saiba exatamente como fazer isso. Depois, reforce o compromisso incluindo o *porquê*, o motivo irrefutável pelo qual você está disposto a manter esse compromisso.

Exemplos: *Vou me dedicar a promover uma noite de namoro uma vez por semana com minha esposa/meu marido para servir de modelo de relacionamento amoroso saudável para meus filhos.*

Ou:

Eu me comprometo totalmente a ser o mais saudável possível de modo a ter disposição para estar totalmente presente para meus filhos e esposa/marido.

Ou:

Eu me comprometo a duplicar minha renda nos próximos 12 meses, de R$ _____________ a R$ _____________, de modo a fornecer segurança financeira para minha família.

Segundo passo: definir as ações necessárias que você se compromete a fazer e quando

Escrever uma afirmação que apenas diga o que você *quer* sem especificar o que se compromete a *fazer* é inútil e pode até atrapalhar, pois leva o subconsciente a pensar que o resultado vai acontecer de modo automático e sem esforço.

Ação: explique de modo bem específico a ação, atividade ou hábito necessário para obter o resultado ideal e diga claramente quando e com que frequência você vai realizá-la.

Exemplos: *Para garantir uma noite de namoro com minha esposa/meu marido, eu me comprometo totalmente a contratar uma babá e usar as quartas-feiras para escolher uma atividade para o próximo fim de semana e reservar esse período na agenda.*

Ou:

Para garantir uma vida mais saudável, eu me comprometo totalmente a ir à academia cinco dias por semana e correr na esteira pelo mínimo de vinte minutos por dia, das 6 às 7 horas.

Ou:

Para garantir a duplicação da minha renda, eu me comprometo a duplicar meus telefonemas diários de prospecção de clientes de vinte para quarenta ligações por dia, cinco dias por semana, das 8 às 9 horas, NÃO IMPORTA O QUE ACONTEÇA.

Quanto mais específicas forem as suas ações, melhor. Não se esqueça de incluir a *frequência* (quantas vezes), a *quantidade* (quanto) e os *horários precisos* (quando você vai começar e terminar suas atividades).

TERCEIRO PASSO: RECITAR SUAS AFIRMAÇÕES TODAS AS MANHÃS (COM EMOÇÃO)

Lembre-se: as afirmações de *O Milagre da Manhã* não foram planejadas apenas para fazer você *se sentir bem*. Essas declarações escritas foram estrategicamente criadas para programar o subconsciente com as crenças e o *mindset* de que você precisa a fim de conquistar o resultado desejado, direcionando a mente consciente para manter o foco em suas maiores prioridades e tomar as atitudes que vão ajudá-lo a chegar lá.

Contudo, para que as afirmações sejam eficazes, é preciso mobilizar as emoções ao recitá-las. Apenas repetir uma afirmação sem sentir a verdade por trás dela terá um impacto mínimo. É preciso assumir a responsabilidade por gerar emoções autênticas, como empolgação e determinação, e injetar essas emoções de modo poderoso em toda afirmação que recitar.

É preciso afirmar quem você precisa ser a fim de fazer o necessário para obter os resultados que deseja. Vou dizer mais uma vez: não é mágica. Essa estratégia funciona quando você se conecta com *a pessoa que precisa ser* para conquistar seus objetivos. Acima de tudo, o que atrai os resultados é quem você é.

Ação: reserve um tempo todos os dias para ler suas afirmações durante seu *Milagre da Manhã* para programar o subconsciente e concentrar a mente consciente no que mais importa para você e no que se compromete a fazer, transformando isso em realidade. Sim, é preciso lê-las todos os dias. Recitar suas afirmações ocasionalmente é tão eficaz quanto fazer exercícios físicos ocasionalmente. Você só terá resultados quando acrescentá-las à rotina diária.

Um ótimo lugar para ler suas afirmações é no chuveiro. Se você plastificá-las e deixar no box, elas estarão na sua frente todos os dias. Coloque-as em todos os lugares possíveis: um cartão embaixo do quebra-sol do carro, um adesivo no espelho do banheiro. Quanto mais você encontrar essas afirmações, mais o subconsciente poderá se conectar com elas para mudar seu pensamento e suas ações. Vale até escrever diretamente no espelho com canetas especiais.

QUARTO PASSO: ATUALIZAR E EVOLUIR CONSTANTEMENTE AS AFIRMAÇÕES

À medida que você cresce, melhora e evolui, suas afirmações precisam fazer o mesmo. Quando você decidir um novo objetivo, sonho ou resultado extraordinário que deseja criar para sua vida, precisará adicioná-lo às afirmações.

Tenho afirmações para cada área importante da vida (finanças, saúde, felicidade, relacionamentos, criação dos filhos etc.) e atualizo todas continuamente à medida que aprendo mais. Estou sempre procurando citações, estratégias e filosofias que posso adicionar para aperfeiçoar meu *mindset*. Sempre que você esbarrar em uma citação ou filosofia e pensar: "*Nossa, essa é uma área em que posso promover uma imensa melhora na minha vida*", adicione-a a suas afirmações.

Lembre-se: as afirmações devem ser personalizadas para você. Mike e eu temos conjuntos separados porque são os nossos compromissos *pessoais*. Elas precisam ser específicas para funcionar em nível subconsciente. Assim que você coloca a palavra "nós" em uma afirmação, isso dá permissão para a mente culpar outra pessoa caso o resultado não venha.

Sua programação pode mudar e melhorar a qualquer momento, começando agora. É possível reprogramar qualquer limitação com novas crenças e criar novos comportamentos para ser tão bem-sucedido quanto deseja em qualquer área da vida que escolher.

Em resumo, suas afirmações articulam os resultados extraordinários que você se compromete a criar, os motivos pelos quais eles são importantes para você e, principalmente, as ações necessárias que você se compromete a realizar e quando vai realizá-las a fim de obter e sustentar o nível extraordinário de sucesso que deseja (e merece) para sua vida.

Afirmações para se transformar em um pai ou mãe excepcional

Além da fórmula para criar suas afirmações, veja a seguir uma lista de exemplos de afirmações que podem ativar a criatividade. Fique à vontade para incluir outras frases com as quais você se identifica.

- Eu me comprometo totalmente a dedicar trinta minutos do meu tempo para cada um dos meus filhos. Assim, eles vão saber que são importantes para mim
- Eu me comprometo totalmente a fazer cinco jantares saudáveis por semana para minha família, pois sei que as crianças copiarão meus hábitos alimentares e quero que eles comecem a vida de modo mais saudável.
- Eu me comprometo totalmente a acordar às ________ horas todas as manhãs com a intenção de praticar o *Milagre da Manhã* antes de as crianças acordarem, para encher o meu copo e servi-los quando elas saírem da cama.
- Eu me concentro em aprender algo novo e melhorar minhas habilidades como pai ou mãe todos os dias e me comprometo a ler ou reler pelo menos um novo livro por mês a fim de me ajudar nessa empreitada.
- Eu me empenho em saber mais sobre meus filhos, convivendo com eles e realmente ouvindo o que eles e seus amigos têm a dizer para saber quando preciso agir e tomar a atitude necessária.
- Eu me comprometo a me aperfeiçoar de modo constante e incansável nas tarefas necessárias para o funcionamento diário da minha família.
- Eu me comprometo a fazer refeições sem uso de telas e outras distrações com a família cinco noites por semana, a fim de fortalecê-la como grupo e manter o vínculo que temos uns com os outros.
- Eu me comprometo a capacitar meus filhos com o conhecimento e as habilidades que aprender para que eles possam conquistar o nível de sucesso que desejem ter na vida por conta própria.

- Eu me comprometo a aprender com meus filhos e me manter aberto às lições que eles têm para ensinar, incluindo a visão do que desejam ser, não do que eu gostaria que eles fossem.
- Eu me comprometo a ler para cada um dos meus filhos por vinte minutos todos os dias.

Estes são apenas alguns exemplos de afirmações. Você pode usar todas com as quais se identificar, mas experimente criar afirmações usando a fórmula de quatro passos descrita nas páginas anteriores. Tudo o que você repetir várias vezes com emoção será programado em seu subconsciente, ajudando a formar novas crenças que se manifestarão por meio de suas ações.

VISUALIZAÇÃO

A visualização é uma técnica em que você usa a imaginação para criar o que deseja obter na vida.

Esportistas de nível mundial usam a visualização para melhorar seu desempenho. Atletas olímpicos e pessoas que têm alto desempenho em várias categorias incorporam a visualização como parte crucial do treinamento diário. O fato pouco divulgado é que pais e mães confiantes e verdadeiramente excepcionais também a utilizam com a mesma frequência.

Se você quiser obter algumas informações fascinantes sobre o *motivo* de a visualização funcionar, basta jogar "neurônios espelho" no Google. O neurônio é a célula que conecta o cérebro com outras partes do corpo, e um neurônio espelho é o que dispara quando agimos ou observamos outra pessoa agir. Trata-se de uma área relativamente nova de estudos dentro da neurologia, mas parece que essas células permitem melhorar nossas habilidades ao observar outras pessoas *ou* nos visualizar com essas habilidades. Alguns estudos indicam, por exemplo, que levantadores de peso experientes podem aumentar a massa muscular com sessões de visualização, e os neurônios espelho são responsáveis por isso. De várias formas, o cérebro não consegue perceber a diferença entre uma visualização vívida e uma experiência real. Uma loucura, não é?

Sempre fui meio cética em relação à visualização porque parecia muito "riponga". Depois que li sobre os neurônios espelho, mudei completamente de atitude!

O que você visualiza?

A maioria dos pais e mães é limitada por visões dos resultados passados. Eles repetem fracassos e mágoas anteriores. No entanto, a visualização criativa permite construir a visão que vai ocupar sua mente, garantindo que a maior força que atua em você seja o seu futuro — um futuro irresistível, empolgante e de possibilidades ilimitadas.

Após ler minhas afirmações, eu me sento com a coluna reta, fecho os olhos e respiro lenta e profundamente. Pelos cinco ou dez minutos seguintes, apenas visualizo as *ações específicas* necessárias para transformar meus objetivos de longo e curto prazo em realidade.

Observe que eu *não* visualizo os resultados. Muita gente vai discordar disso, mas alguns estudos mostram que apenas visualizar a vitória (por exemplo, estar no palco, o carro novo, a casa dos sonhos, o novo integrante da equipe etc.) pode, na verdade, diminuir a motivação, porque o cérebro já vivenciou a recompensa em algum nível. Então, recomendo usar a visualização como sessão de prática para melhorar as habilidades ou aspectos da vida em que você está trabalhando. Visualize ações, não resultados. Imagine-se em ação, como o Rocky correndo pelas ruas da Filadélfia e perseguindo galinhas com o Mickey motivando-o no fundo. Não imagine apenas o Rocky dando o soco que vai gerar o nocaute e coroá-lo campeão; entre em contato com o esforço necessário para chegar lá. Sinta-se confortável com o desconforto praticando, aceitando e escolhendo vivenciar as ações necessárias para o sucesso.

Você pode se imaginar tendo conversas divertidas e leves com seus filhos. Passe um tempo imaginando a família conversando durante o jantar, por exemplo. Como é isso para você? Como você se sente ao desenvolver uma ótima relação familiar? Imagine-se reagindo aos obstáculos e problemas.

Se a hora de dormir for uma tarefa árdua para sua família, como costumava ser para nós, você pode se visualizar ajudando as crianças a se preparar para dormir com calma. Imagine-se ajudando seus filhos a escovar os dentes e deixe-os escolher a história que vão ouvir antes de dormir. Imagine-se lendo a história com empolgação, fazendo perguntas sobre o enredo e realmente apreciando o tempo que consegue passar com eles antes de dormir. Imagine as crianças dormindo tranquilas e dê-lhes um beijo de boa noite na testa.

Você pode escolher qualquer ação ou habilidade que ainda não domine. Imaginar o sucesso e as ações necessárias para chegar lá vai preparar você e praticamente garantir um dia de sucesso.

TRÊS PASSOS SIMPLES PARA A VISUALIZAÇÃO DE *O MILAGRE DA MANHÃ*

A hora perfeita para você se imaginar vivendo de acordo com suas afirmações é logo após lê-las.

Primeiro passo: preparação

Algumas pessoas gostam de colocar música instrumental de fundo, como obras clássicas ou barrocas (recomendo todas as composições de J.S. Bach), durante a visualização. Se você quiser ouvir música, coloque em um volume relativamente baixo. Pessoalmente, tudo o que tem palavras me distrai muito.

Agora, sente-se com a coluna reta em uma posição confortável. Pode ser em uma cadeira, um sofá ou no chão com uma almofada. Respire fundo. Feche os olhos, esvazie a mente e prepare-se para visualizar.

Segundo passo: visualizar o que você realmente deseja

O maior presente que alguém pode dar a quem ama é viver seu potencial completo. Como é isso para você? O que você realmente deseja? Esqueça a lógica, os limites e a praticidade. Se você pudesse ter tudo o que desejasse, o que escolheria? Que *ações específicas* teria que fazer para conseguir isso? Em quem você precisaria se transformar? Como você agiria em várias situações?

Veja, sinta, ouça, toque, sinta o gosto e o cheiro de cada detalhe dessa visão. Envolva todos os sentidos para aumentar a eficácia. Quanto mais clara for a visão, maior será a motivação para tomar as atitudes necessárias e transformá-la em realidade.

Terceiro passo: visualizar quem você precisa ser e o que precisa fazer

Após criar a imagem mental clara do que deseja, comece a se imaginar vivendo em alinhamento total com a pessoa que você precisa ser para conquistar sua visão. Visualize-se envolvido nas ações que precisa realizar todos os dias (fazendo exercícios físicos, estudando, trabalhando, convivendo com seus filhos, realizando interações familiares etc.) e faça questão de se ver apreciando o processo. Visualize-se sorrindo enquanto corre naquela trilha ao som agradável do canto dos pássaros, sentindo a brisa refrescante e orgulhoso da disciplina para seguir em frente.

Imagine o olhar de determinação em seu rosto enquanto se conecta com seus filhos de modo confiante e constante, ouvindo as necessidades deles e agindo com base no que observa. Visualize sua família, amigos e cônjuge reagindo a sua atitude positiva e perspectiva otimista.

Veja a si mesmo como o pai ou mãe que tem tudo sob controle. Você chega cinco minutos mais cedo em todos os compromissos e está totalmente preparado (com folga!). Imagine-se escrevendo na agenda e planejando alegremente os próximos dias e semanas com encontros para as crianças brincarem com os amiguinhos, noites com outras mães, compromissos para cuidar de você, noites de namoro e atividades escolares. Visualize-se escrevendo bilhetes de agradecimento a mão para os professores de seus filhos enquanto os mais novos estão ao seu lado escrevendo os deles. Imagine as crianças ajudando a cortar os vegetais que você plantou na horta orgânica do quintal e sinta o cheiro delicioso do jantar saudável sendo preparado.

Imagine toda a família sentada à mesa de jantar e sorrindo enquanto apreciam cada mordida do jantar.

Considerações finais sobre visualização

Ao combinar a leitura das afirmações todas as manhãs com a visualização diária, você vai turbinar a programação do seu subconsciente para o sucesso. Ao incluir essa prática no dia a dia, você alinha os pensamentos e sentimentos a sua visão para transformá-la em realidade. Assim, fica mais fácil manter a motivação para fazer o que precisa ser feito. A visualização é um auxílio poderoso para superar hábitos que o limitam, como a procrastinação, e realizar as ações necessárias a fim de conquistar seus objetivos.

EXERCÍCIOS

Os exercícios físicos precisam ser um componente básico do seu *Milagre da Manhã*. Até mesmo poucos minutos de exercícios diários podem melhorar significativamente a saúde, aumentar a autoconfiança e o bem-estar emocional, permitindo que você pense melhor e se concentre mais. Você vai notar um aumento na sua disposição com os exercícios diários, e as pessoas com quem você mais convive também vão perceber a mudança.

Os especialistas em desenvolvimento pessoal e empreendedores multimilionários Eben Pagan e Tony Robbins (que também é um escritor de sucesso) concordam que o segredo para ser bem-sucedido é começar as manhãs com um ritual pessoal de sucesso. E o ritual de ambos inclui algum tipo de exercício matinal. Se funciona para Eben e Tony, então funciona para mim também!

Caso você tenha medo de se envolver em um treinamento para maratona ou triatlo, fique tranquilo. Os exercícios matinais também não precisam substituir o regime vespertino ou noturno de exercícios que você já segue. Pode continuar indo à academia no horário de sempre. Contudo, os benefícios de adicionar no mínimo cinco minutos de exercícios físicos matinais são inegáveis, incluindo diminuição da pressão sanguínea, do nível de glicose no sangue e no risco de todo tipo de enfermidades, como doenças cardíacas, osteoporose, câncer e diabetes. E talvez o mais importante: um pouco de exercício físico pela manhã aumentará a disposição para ajudá-lo a lidar com sua prole cheia de energia.

Você pode fazer uma caminhada ou corrida, acompanhar um vídeo de ioga no YouTube ou encontrar um parceiro de Salvadores de Vida e jogar um pouco de raquetebol matinal. Há também um aplicativo excelente chamado *7 Minute Workout* [Exercícios de Sete Minutos], que fornece um programa de ginástica para o corpo todo em, isso mesmo, sete minutos. A escolha é sua; escolha uma atividade e faça.

Como pai ou mãe, você está sempre em movimento. É preciso ter uma reserva infinita de energia para enfrentar os desafios que surgirem pelo caminho da melhor forma possível, e a prática matinal e diária de exercícios vai oferecer isso.

Exercícios para o cérebro

Mesmo que você não se importe com sua saúde física, saiba que os exercícios vão deixar você mais inteligente, e isso pode aumentar sua capacidade de resolver problemas. O Dr. Steven Masley, médico e nutricionista da Flórida que tem uma clientela de executivos, explica a relação direta entre o exercício e a capacidade cognitiva.

"Se estamos falando de desempenho do cérebro, o melhor indicador da velocidade cerebral é a capacidade aeróbica. Como subimos uma ladeira correndo está fortemente relacionado à velocidade cerebral e à capacidade cognitiva", define Masley.

Masley criou um programa de bem-estar corporativo baseado no trabalho que fez com mais de mil pacientes. "O cidadão médio que entra nesses programas vai aumentar a velocidade cerebral entre 25% e 30%."

Imagine como um aumento de 25% a 30% na velocidade cerebral poderia melhorar sua capacidade de reagir aos seus filhos de modo positivo e oferecer soluções úteis. O quanto você poderia aperfeiçoar a criação dos seus filhos tendo conversas mais eficazes com toda a família? Por exemplo, imagine-se resolvendo uma briga entre seus filhos após se exercitar. Qual seria o estado da sua mente? Como você se sentiria? O que as crianças ganhariam com essas conversas? O que isso poderia fazer em prol da sua família?

Hal escolheu a ioga como exercício físico e começou a praticá-la assim que criou *O Milagre da Manhã*. Ele continuou praticando e amando a atividade desde então. Nossas rotinas de exercícios físicos são diferentes. Mike geralmente faz algumas posições de ioga e pratica taekwondo durante seu *Milagre da Manhã*, depois sai para correr perto de casa ou vai à academia para fazer musculação ou aulas de ioga. Eu vou à academia (que tem creche) todos os dias durante a semana e faço uma aula coletiva ou corro ouvindo audiolivros. Temos uma pequena cama elástica na sala de meditação, e frequentemente dizemos nossas afirmações enquanto pulamos. Nos fins de semana, gostamos de correr juntos ou fazer algo ativo em família. Nós valorizamos a variedade. Encontre o que funciona melhor para você e torne essa atividade parte do seu *Milagre da Manhã*.

Considerações finais sobre exercícios

Você sabe que para manter a saúde e aumentar a disposição é preciso se exercitar de modo consistente. Isso não é novidade para ninguém, mas é muito fácil inventar desculpas para não se exercitar. As duas principais são: "Não tenho tempo" e "Estou muito cansado". E essas são apenas as primeiras da lista. Não há limites para as desculpas em que se pode pensar. Quanto maior a sua criatividade, mais desculpas você poderá inventar!

Essa é a beleza de incorporar os exercícios ao seu *Milagre da Manhã*: eles serão feitos antes de você se cansar e antes de ter um dia inteiro para inventar desculpas. Por ser a primeira atividade do dia, o *Milagre da Manhã* é infalível para evitar todas as desculpas e transformar os exercícios em um hábito diário.

Aviso: eu nem precisava dizer, mas é preciso consultar um médico antes de começar qualquer programa de exercícios físicos, principalmente se você estiver sentindo qualquer tipo de dor, desconforto, tiver alguma deficiência etc. Talvez seja preciso alterar ou até se abster da rotina de exercícios para atender suas necessidades individuais.

LEITURA

Além de ser um modelo de comportamento para seus filhos, uma das formas mais rápidas de conquistar tudo o que você deseja é encontrar pessoas de sucesso que sirvam como modelos de comportamento para você. Para cada objetivo que tiver, há uma boa probabilidade de um especialista ter conseguido o mesmo ou algo similar. Como diz Tony Robbins: "O sucesso deixa pistas."

Felizmente, alguns dos melhores compartilharam suas histórias por escrito. E isso significa que todos esses mapas para o sucesso estão apenas esperando alguém disposto a dedicar o tempo necessário para lê-los. Os livros oferecem um suprimento infinito de ajuda e mentoria bem na ponta dos seus dedos.

De vez em quando, ouço alguém dizer: "Não sou muito de ler." Eu entendo, pois também nunca me considerei uma grande leitora. Na escola, precisei frequentar aulas especiais para melhorar a leitura, e nos testes padronizados sempre recebia notas baixas em interpretação de texto. Eu tinha medo de ler em voz alta para meus filhos, mostrar que a mamãe não lê bem e estragar a história.

Mantive essa atitude até ler o livro *How to Make Your Child a Reader for Life* [Como fazer seu filho ser um leitor para o resto da vida], de Paul Kropp, que diz: "Como pai ou mãe, você é essencial para garantir que os livros e a simples alegria de ler façam parte da experiência do seu filho. Ninguém pode estimular a leitura tão bem quanto você. Nenhuma outra habilidade que você ensine ou presente que você dê será tão importante." A melhor forma de tornar seu filho um leitor para o resto da vida é se transformar em um! Como você está lendo este livro, provavelmente já sabe disso e já tomou atitudes para aproveitar os benefícios da leitura. Depois que aprendi esses fatos sobre ler em voz alta para meus filhos e a importância da leitura para o aprendizado ao longo da vida, eu me comprometi a ler 24 livros em um ano, e isso mudou minha perspectiva.

Estes são alguns dos nossos livros favoritos para ajudar especificamente a melhorar a criação dos filhos e os relacionamentos familiares. É apenas uma amostra das excelentes obras disponíveis para todos os tipos de pais com filhos de todas as idades. Um aviso: nem todo livro sobre criação de filhos funciona para todas as famílias. Preste muita atenção para ver se um livro está levando você para o caminho certo. Confie em seus instintos como pai ou mãe em primeiro lugar.

Sobre criação de filhos:

- *The Available Parent: Radical Optimism For Raising Teens And Tweens* [Os pais disponíveis: otimismo radical para criar adolescentes e pré-adolescentes], do Dr. John Duffy
- *Pais e mães conscientes: como transformar nossas vidas para empoderar nossos filhos*, da Dra. Shefali Tsabary
- *Quietinho feito um sapo: exercícios de meditação para crianças (e seus pais)*, de Eline Snel e Myla Kabat-Zinn
- *The Opposite of Spoiled: Raising Kids Who Are Grounded, Generous, And Smart About Money* [O oposto de mimado: criando filhos centrados, generosos e sábios ao lidar com dinheiro], de Ron Lieber
- *The Family Board Meeting* [A reunião do conselho familiar], de Jim Sheils
- *Yell Less, Love More: How The Orange Rhino Mom Stopped Yelling At Her Kids - And How You Can Too!* [Grite menos, ame mais: como a mãe do rinoceronte laranja parou de gritar com seus filhos - e como fazer o mesmo!], de Sheila McCraith
- *As 5 linguagens do amor das crianças*, de Gary D. Chapman e Ross Campbell
- *O cérebro da criança: 12 estratégias revolucionárias para nutrir a mente em desenvolvimento do seu filho e ajudar sua família a prosperar*, de Daniel J. Siegel e Tina Payne Bryson

- *Scientific Secrets for Raising Kids Who Thrive* [Segredos científicos para criar filhos que prosperam], de The Great Courses e Professor Peter M. Vishton
- *Guerrilla Learning: How To Give Your Kids A Real Education With Or Without School* [Aprendizado de guerrilha: como dar aos seus filhos uma educação real com ou sem escola], de Grace Llewellyn
- *Your Child's Strengths: A Guide For Parents And Teachers* [As forças do seu filho: um guia para pais e professores], de Jenifer Fox
- *The Successful Single Mom: get your life back and your game on!* [A mãe solteira bem-sucedida: recupere sua vida e seu jogo!], de Honorée Corder
- *Pais superprotetores, filhos bananas: o que podemos fazer para não criar uma geração insegura*, de Jessica Lahey
- *Pais e mães serenos, filhos felizes: crie uma conexão de empatia*, da Dra. Laura Markham

Sobre *mindset*:

- *The Art of Exceptional Living* [A arte de ter uma vida excepcional], de Jim Rohn
- *A única coisa: o foco pode trazer resultados extraordinários*, de Gary Keller e Jay Papasan
- *Os sete hábitos das pessoas altamente eficazes: lições poderosas para a transformação pessoal*, de Stephen R. Covey
- *Maestria*, de Robert Greene
- *Trabalhe 4 horas por semana: fuja da rotina, viva onde quiser e fique rico*, de Tim Ferriss
- *O jogo da vida*, de Florence Scovel Shinn
- *The Compound Effect* [O efeito composto], de Darren Hardy
- *Taking Life Head On: How To Love The Life You Have While You Create The Life Of Your Dreams* [Levando a vida de frente: como amar a vida que você tem enquanto cria a vida dos seus sonhos], de Hal Elrod
- *Pense e enriqueça*, de Napoleon Hill

- *Vision to Reality: How Short Term Massive Action Equals Long Term Maximum Results* [Da visão à realidade: como a ação maciça em curto prazo proporciona resultados máximos em longo prazo], de Honorée Corder
- *O elemento-chave: descubra onde a paixão se encontra com seu talento e maximize seu potencial*, de Sir Ken Robinson e Lou Aronica
- *Spirit Led Instead: The Little Tool Book Of Limitless Transformation* [Espírito liderado: o pequeno livro da transformação sem limites], de Jenai Lane

Além de encontrar a confiança para criar seus filhos, você poderá transformar relacionamentos, aumentar a autoconfiança, melhorar as habilidades de comunicação, aprender a ser saudável e aperfeiçoar qualquer área da vida em que consiga pensar. Vá até a biblioteca ou livraria mais próxima (ou faça o mesmo que nós e visite a Amazon.com.br) e encontre mais livros do que pode imaginar sobre qualquer área da vida que deseje melhorar.

Para obter uma lista completa dos livros favoritos de Hal sobre desenvolvimento pessoal, incluindo os que tiveram maior impacto no sucesso e felicidade dele, consulte a lista de Leituras Recomendadas em https://www.miraclemorning.com/Brazil/.

O quanto você deve ler?

Recomendo assumir o compromisso de ler no mínimo dez páginas por dia (embora cinco esteja ótimo se você lê devagar ou ainda não tem o hábito de ler).

Dez páginas podem não parecer muito, mas vamos fazer as contas: ler dez páginas por dia soma 3.650 páginas por ano, aproximadamente 18 livros de duzentas páginas sobre desenvolvimento ou aperfeiçoamento pessoal! Tudo em apenas dez a 15 minutos de leitura diária, ou 15 a trinta minutos se você ler mais devagar.

Se você ler 18 livros de desenvolvimento pessoal e profissional nos próximos 12 meses, acha que ficará mais bem informado, capaz e confiante? Acha que será uma pessoa melhor? Sem dúvida! Ler dez páginas por dia não vai destruir ninguém, mas definitivamente vai construir uma versão melhor de você.

Considerações finais sobre leitura

- Comece pensando no fim, analisando esta questão: o que você espera obter com este livro? Reserve um momento para fazer isso agora, perguntando a si mesmo o que você quer ganhar lendo esta obra.
- Os livros não precisam ser lidos do início ao fim, e muito menos terminados. Lembre-se: este é o *seu* momento de leitura. Use o sumário para garantir que leu as partes mais interessantes e não hesite em deixar de lado e passar para outro livro se não estiver gostando. Existem várias formas de obter informações incríveis, então não perca tempo com o que é medíocre.
- Muitos praticantes do *Milagre da Manhã* usam o tempo de leitura para colocar os textos religiosos em dia, como a Bíblia, a Torá, o Corão e outros.
- A menos que esteja pegando um livro emprestado da biblioteca ou de um amigo, fique à vontade para sublinhar, circular, marcar, dobrar as páginas e fazer anotações nas margens. O processo de marcar livros enquanto lê permite voltar a qualquer momento para relembrar as principais lições, ideias e benefícios sem precisar ler tudo de novo. Se você usa um leitor digital como Kindle, Nook ou o aplicativo iBooks, pode revisar facilmente suas anotações e passagens destacadas sempre que folhear o livro ou pode ir direto para uma lista.
- Resuma as principais ideias, percepções e passagens marcantes em um diário. Ao criar um resumo dos seus livros favoritos, você poderá revisitar o conteúdo principal deles a qualquer momento em poucos minutos.
- Reler bons livros de desenvolvimento pessoal é uma estratégia pouco utilizada, porém muito eficaz. Dificilmente você vai ler um livro uma vez e internalizar todo o seu valor. Dominar qualquer área exige repetição. Reli *Spirit Led Instead*, de Jenai Lane pelo menos três vezes, e frequentemente volto a ele ao longo do ano. Por que não experimentar

começar por este livro? Comprometa-se a reler *O Milagre da Manhã para famílias* assim que terminar a fim de aprofundar seu aprendizado e ganhar mais tempo para dominar a prática do *Milagre da Manhã.*

- Audiolivros contam como leitura! Você obtém a informação e pode ouvi-los enquanto se exercita ou no caminho para o trabalho. Quando eu realmente quero estudar um livro, ouço o áudio enquanto leio. Assim posso fazer anotações e destacar partes do texto sem perder muito tempo. Eu leio muito devagar, mas com audiolivros posso ouvir na velocidade 1,5 ou 2x e ler muito mais rápido.
- Aproveite as etapas de ação e aplique rapidamente o que leu. Embora ler seja uma ótima forma de aprender novas estratégias, é a internalização e a aplicação prática dessas estratégias que vão levá-lo ao progresso. Você se compromete a aplicar na prática o que aprendeu neste livro e fazer o desafio de *O Milagre da manhã* para mudança de vida em trinta dias no final dele?

ESCRITA

Eu escrevo em meu diário por dez a 15 minutos durante meu *Milagre da Manhã*, geralmente no horário de leitura e também em um período adicional, quando me concentro na gratidão. Ao tirar os pensamentos da cabeça e escrevê-los, você imediatamente ganha percepções valiosas que, do contrário, passariam despercebidas.

O elemento de escrita no *Milagre da Manhã* permite documentar suas percepções, ideias, progressos, realizações, sucessos e lições aprendidas, incluindo qualquer área de oportunidade, crescimento ou melhora pessoal. Use o diário para anotar seus pontos fortes e sucesso na criação dos filhos, o que deu certo em cada dia e as percepções que você deseja lembrar ou talvez trabalhar mais tarde.

Se você faz o mesmo que Hal costumava fazer, provavelmente tem alguns diários e cadernos parcialmente usados e quase intocados. Foi só quando começou a prática do *Milagre da Manhã* que escrever passou a ser um dos hábitos diários favoritos dele. Como Tony Robbins disse várias vezes: "A vida digna de ser vivida é digna de ser registrada."

Escrever dará a você o benefício diário de direcionar os pensamentos conscientemente, mas o mais poderoso serão as percepções que você vai obter ao revisar todos os diários do início ao fim, especialmente no final do ano.

É difícil expressar em palavras o quanto a experiência de revisar os diários pode ser extremamente construtiva. Michael Maher, coautor de *The Miracle Morning for Real Estate Agents* [O Milagre da Manhã para corretores de imóveis], é um praticante ávido dos Salvadores de Vida. Uma parte de sua rotina matinal consiste em registrar apreciações e afirmações no que chama de Livro de Bênçãos. O próprio Michael explica melhor:

"O que você aprecia... REALMENTE APRECIE. É hora de pegar o apetite insaciável pelo que desejamos e substituí-lo por um apetite e gratidão insaciáveis pelo que temos. Escreva aquilo que valoriza, tenha gratidão, aprecie e você terá mais do que deseja: relacionamentos melhores, mais bens materiais e mais felicidade."

Existe força em colocar por escrito o que você aprecia, e revisar esse material pode mudar seu *mindset* em um dia difícil. Uma ótima prática para adicionar à rotina é escrever o que você aprecia em relação a cada um de seus filhos, seu parceiro e, principalmente, em si mesmo. Quando anotamos o que apreciamos em relação aos nossos filhos e cônjuge, mesmo (e particularmente) quando eles não agem da melhor forma, é fácil se concentrar nos aspectos positivos ou qualidades que, do contrário, passariam despercebidas.

Por exemplo, você pode estar com raiva do seu filho porque ele bateu na irmã, mas depois ele tentou confortá-la. Em vez de se concentrar na péssima escolha feita por ele, sinta gratidão pela compaixão que ele demostrou após o fato. Outro exemplo seria quando seu cônjuge se atrasa para a noite de namoro que vocês marcaram. Seria fácil ficar com raiva, mas em vez disso você pode sentir gratidão por ele ter chegado em segurança e pelo fato de vocês estarem fora de casa em um tempo a sós, longe das crianças!

Embora o ato de manter um diário tenha vários benefícios, estes são alguns dos meus favoritos. Com a escrita diária, você poderá:

- Obter clareza. Escrever um diário vai oferecer maior clareza e entendimento e permitir que você faça um *brainstorm*, além de ajudar a resolver problemas.
- Registrar ideias. Você vai conseguir registrar e expandir suas ideias e não vai perder as informações importantes que está guardando para um momento oportuno no futuro.
- Revisar lições. Um diário é o lugar para consultar e revisar todas as lições que você aprendeu.
- Reconhecer progressos. É maravilhoso reler o diário de um ano ou até uma semana atrás e observar o quanto você progrediu. É uma das experiências mais poderosas, inspiradoras e prazerosas, que não pode ser feita de outra forma.
- Melhorar a memória. As pessoas sempre pensam que vão se lembrar de tudo, mas se você já foi ao supermercado sem lista de compras, sabe que isso não é verdade. Quando escrevemos algo, a probabilidade de lembrar é muito maior, e, se esquecermos, sempre é possível voltar às anotações e relê-las.

Como fazer um diário de modo eficaz

Veja três passos simples para começar a fazer um diário ou melhorar o seu processo atual.

Primeiro: escolha um formato, físico ou digital. Você vai ter que decidir com antecedência se prefere um diário tradicional e físico ou digital (no computador ou em um aplicativo para dispositivos móveis). Se não tiver certeza, experimente ambos e veja o que mais lhe agrada.

Segundo: compre um diário. Quase tudo pode funcionar, mas quando se trata de um diário físico, é importante ter qualidade, durabilidade e ser agradável ao olhar. Afinal, a ideia é guardá-lo pelo resto da vida. Gosto de comprar diários de couro com folhas pautadas, mas o diário é seu, então escolha o que funcionar melhor para você. Alguns preferem diários sem pautas para desenhar ou criar mapas mentais. Outros gostam de ter um livro com uma página para cada dia do ano a fim de ajudá-los a se responsabilizar no dia a dia.

Estes são alguns dos diários físicos prediletos da Comunidade de *O Milagre da Manhã* no Facebook:

- *The Five Minute Journal* [em inglês] é muito popular entre as pessoas de alto desempenho. Tem um formato muito específico para cada dia, com frases como: "Sinto gratidão por..." e "O que faria o dia de hoje ser ótimo?" Exige cinco minutos ou menos e inclui uma opção noturna para revisar como foi o seu dia. (IntelligentChange.com).
- *O Diário de O Milagre da Manhã* (https://www.miraclemorning.com/Brazil/) foi feito especificamente para aperfeiçoar e auxiliar seu *Milagre da Manhã*, além de manter você organizado e responsável ao fazer os Salvadores de Vida todos os dias. Baixe uma amostra grátis em https://www.miraclemorning.com/Brazil/ para ter certeza de que ele será útil para você. (Amazon.com.br ou MiracleMorningJournal.com) [em inglês no site].
- *The Plan: Your Legendary Life Planner* [em inglês], criado por nossos amigos, é um sistema com o objetivo de definir objetivos, acompanhar hábitos e organizar o dia para quem busca o equilíbrio e está disposto a conquistar o nível 10 em todas as áreas da vida. (LegendaryLifePlan.com).

Se você preferir um diário digital, existem várias opções disponíveis, todas em inglês. Algumas das nossas favoritas são:

- O *Five Minute Journal* também existe como aplicativo de iPhone, que segue o mesmo formato da versão física e manda lembretes úteis para melhorar seus escritos todas as manhãs e noites. Ele também permite usar fotos nas anotações para criar lembretes visuais. (Intelligentchange.com).
- O *Day One* é um aplicativo muito popular para fazer diários, perfeito se você não deseja estrutura ou limites para escrever. Ele oferece uma página em branco para cada dia. Então, se você gosta de criar textos grandes, este pode ser o aplicativo ideal (DayOneApp.com).
- O *Penzu* é um diário online muito conhecido que não exige iPhone, iPad ou dispositivo Android. Você só precisa de um computador (Penzu.com).

Mais uma vez, é tudo uma questão de preferência e dos recursos que você deseja. Se não se identificar com nenhuma dessas opções digitais, digite "diário on-line" no Google ou "diário" na loja de aplicativos do seu dispositivo móvel e encontre várias opções.

Terceiro: escreva todos os dias. Existem incontáveis assuntos para serem registrados em seu diário. Anotações sobre o livro que está lendo, lista de motivos para sentir gratidão. Jogue no Google "ideias para diário" e escreva algo completamente diferente a cada dia. Você pode registrar suas lembranças favoritas do dia anterior, histórias engraçadas ou algo fofinho dito pelos seus filhos que você deseja recordar. Escreva o que faz você se sentir bem e não se preocupe com a gramática, a ortografia ou a pontuação. O diário é o lugar para deixar a imaginação correr solta, portanto, não edite, apenas escreva!

PERSONALIZANDO OS SALVADORES DE VIDA

Sei que, como pai ou mãe, talvez você não consiga praticar o *Milagre da Manhã* de uma vez só em alguns dias. Fique à vontade para separar os Salvadores de Vida da forma que funcione melhor para você e inclua seus filhos na prática. Vou falar mais sobre isso mais adiante, mas veja um exemplo: se as crianças tiverem idade para meditar, convide-as para se juntar a você — mas, se forem muito pequenas, provavelmente será melhor praticar o silêncio sozinho. Quando meus filhos eram bebês, eu praticava o silêncio enquanto os amamentava ou os embalava para dormir.

Quero dividir algumas ideias especificamente em relação a personalizar os Salvadores de Vida com base em seus horários e preferências. Sua rotina matinal de hoje talvez permita encaixar um *Milagre da Manhã* de seis, vinte ou trinta minutos, mas você pode fazer uma versão mais longa nos fins de semana.

Veja um exemplo bem comum de cronograma de 60 minutos para o *Milagre da Manhã* usando os Salvadores de Vida.

Silêncio: 10 minutos
Afirmações: 5 minutos
Visualização: 5 minutos
Exercícios: 10 minutos
Leitura: 20 minutos
Escrita: 10 minutos

A ordem também pode ser personalizada. Prefiro começar pela leitura e a escrita, pois exigem mais foco, algo difícil de conseguir se as crianças ficarem me interrompendo. Alguns pais gostam de deixar os exercícios por último para não ficarem suados durante o *Milagre da Manhã*. Hal prefere começar com um período de silêncio tranquilo e deliberado para acordar devagar e clarear a mente, além de concentrar a energia e as intenções. No entanto, este é o seu *Milagre da Manhã*, e não o meu, então experimente várias sequências e veja a que mais lhe agrada.

Monica Dix, uma das mães que fazem parte da Comunidade de *O Milagre da Manhã*, está amamentando o filho e personaliza sua rotina saindo do quarto o mais rápida e silenciosamente possível. Na noite anterior, ela coloca as roupas, a escova de dentes e tudo que precisa em outro quarto. Ela usa o bebê como despertador de modo eficaz, pois ele acorda entre três e seis da manhã. Em seguida, Monica amamenta o bebê e, quando ele volta a dormir, faz seu *Milagre da Manhã* de uma hora e também volta a dormir. Ela recomenda ler *Sweet Sleep: nighttime and naptime strategies for the breastfeeding family* [Doces sonhos: estratégias noturnas e de soneca para a família que está amamentando], de Diane Wiessinger, Diana West, Lind K. Smith e Teresa Pitman. O livro a ajudou a entender como incorporar seu *Milagre da Manhã* em práticas saudáveis de sono para ela e o bebê.

Depleção do ego e *O Milagre da Manhã*

Você já se perguntou por que consegue resistir a guloseimas na parte da manhã, mas acaba cedendo à tarde ou à noite? Por que às vezes a força de vontade é grande e em outras ocasiões ela nos deixa na mão? Porque a força de vontade é como um músculo que se cansa com o uso e, no fim do dia, é mais difícil nos obrigar a fazer atividades que nos servem e evitar as que não nos servem. Também significa que temos menos paciência para nossos entes queridos à tarde e à noite, quando ela provavelmente seria mais necessária.

A boa notícia é que sabemos como isso funciona e podemos nos preparar para o sucesso planejando com antecedência. E a ótima notícia? *O Milagre da Manhã* faz parte desse planejamento, mas antes precisamos entender a depleção do ego.

Depleção do ego é um conceito usado para descrever "a diminuição da capacidade de regular os pensamentos, sentimentos e atos", segundo Roy F. Baymeister e John Tierney, autores de *Força de vontade: a redescoberta do poder humano*. A depleção do ego piora no fim do dia, quando estamos com fome, cansados e precisamos exercer a força de vontade com mais frequência ou por longos períodos de tempo.

Se você esperar até o fim do dia para fazer algo importante que lhe dê energia e ajude a se transformar na pessoa, pai ou mãe que deseja ser, vai descobrir que suas desculpas são mais irresistíveis e a motivação foi embora. Por outro lado, quando você acorda e faz o *Milagre da Manhã* logo de cara, sente o aumento na disposição e na consciência fornecido pelos Salvadores de Vida e evita que a depleção do ego atrapalhe o seu dia.

Ao fazer os Salvadores de Vida diariamente, você aprende a mecânica da formação de hábitos quando a força de vontade está maior, e pode usar esse conhecimento para adotar pequenos hábitos possíveis de ser realizados em outros momentos do dia.

CONSIDERAÇÕES FINAIS SOBRE OS SALVADORES DE VIDA

Tudo é difícil antes de ser fácil. Cada experiência nova é desconfortável antes de ser confortável. Quanto mais você pratica os Salvadores de Vida, mais naturais e normais eles serão. A primeira vez que Hal meditou quase foi a última, pois a mente dele acelerava como uma Ferrari e os pensamentos quicavam de modo incontrolável, como uma bolinha de fliperama. Hoje em dia ele adora meditar e, embora não seja um mestre, diz que é razoável na prática.

Da mesma forma, eu tive problemas com as afirmações quando comecei a fazer o *Milagre da Manhã*. Como não sabia o que desejava afirmar, roubei algumas frases do livro *O Milagre da Manhã* e acrescentei outras que me vieram à cabeça. Deu certo, mas elas não eram realmente *significativas* para mim no começo. Ao longo do tempo, à medida que encontrava frases poderosas, eu as acrescentava em minhas afirmações, adaptando o que já tinha. Agora, as afirmações significam muito para mim, e o ato diário de usá-las ganhou muito mais força.

Na verdade, eu usei a afirmação: "Eu me comprometo totalmente a terminar *O Milagre da Manhã para famílias* este ano, seguindo meus prazos e reservando tempo para escrever" para me motivar diariamente a terminar este livro!

Convido você a praticar os Salvadores de Vida desde já para se familiarizar e se sentir confortável com todos eles antes de começar o desafio de *O Milagre da Manhã* para transformação de vida em trinta dias, no Capítulo 2.

Se sua maior preocupação é arranjar tempo, fique tranquilo: eu resolvo o seu problema. É possível fazer o *Milagre da Manhã* e receber todos os benefícios dos seis Salvadores de Vida em apenas seis minutos por dia! Basta fazer cada um dos Salvadores de Vida por um minuto: feche os olhos e aproveite um momento de silêncio, visualize-se executando a ação mais importante que deseja realizar naquele dia, recite suas afirmações (ou repita sua afirmação favorita várias vezes). Depois, faça polichinelos, flexões ou abdominais. Em seguida, pegue um livro e leia um parágrafo, depois escreva alguns pensamentos em seu diário.

Esses seis minutos vão colocar você no caminho certo para o dia. E você sempre poderá dedicar mais tempo a eles quando a agenda permitir ou surgir a oportunidade. Fazer a prática de seis minutos é um jeito de começar um pequeno hábito e aumentar a confiança ou de mantê-lo em uma manhã difícil. Digamos que seu bebê acordou três vezes para mamar durante a noite e você não dormiu muito ou acordou com uma dor de cabeça horrorosa ou com febre. Esses são os dias para fazer a prática de seis minutos (uma vez que o hábito já tenha se formado). Você vai se sentir melhor por ter feito algo e vai manter o hábito para não ter que recomeçar tudo novamente quando se sentir melhor. Outro pequeno hábito que você pode fazer é começar por um dos Salvadores de Vida e acrescentar outros à medida que for se acostumando a acordar mais cedo. Lembre-se de que a ideia é ter tempo para trabalhar em seus objetivos e no seu *mindset*; então, se você estiver sobrecarregado, não vai funcionar.

Para mim, meu *Milagre da Manhã* passou a ser um ritual diário de renovação e inspiração que amo demais! Nos próximos capítulos, vou abordar *muitas* informações que têm o potencial para transformar você em um pai ou mãe verdadeiramente confiante. Mal posso esperar para dividir isso com você.

Capítulo 4

PRIMEIRO PRINCÍPIO NADA ÓBVIO PARA A CRIAÇÃO DE FILHOS:

Liderança pessoal

Pais são professores, guias, líderes, protetores e provedores para os filhos.

— Iyanla Vansant, apresentadora de talk show, palestrante motivacional e autora de *Peace from Broken Pieces* [Paz depois da crise]

Desde o dia em que nascem, nossos filhos observam e aprendem sobre o mundo por meio de nossas ações. Eles aprendem a linguagem apenas nos ouvindo falar, e são incrivelmente perceptivos. Como pai ou mãe, você é o primeiro e, ouso dizer, o mais importante modelo de comportamento para ele.

Se nosso trabalho como pais e mães é liderar nossos filhos para serem adultos bem-sucedidos, então isso começa pela liderança pessoal. Para ajudá-los a crescer e aprender, precisamos fazer o mesmo. Para criar a família que desejamos e merecemos, devemos dominar os princípios básicos da liderança pessoal.

Andrew Bryant, fundador da Self-Leadership International, resumiu desta forma: "A liderança pessoal é a prática de influenciar intencionalmente os pensamentos, sentimentos e comportamentos para conquistar seu(s) objetivo(s)... É ter uma noção bem-desenvolvida de quem você é, do que pode fazer e para onde vai, somada à capacidade de influenciar sua comunicação, suas emoções e seu comportamento no caminho para chegar lá."

Antes de revelar os princípios básicos da liderança pessoal, quero partilhar com você o que descobri sobre o papel crucial do *mindset* como base para uma liderança pessoal eficaz. As crenças passadas e a autoimagem, além da capacidade de trabalhar em parceria e ter confiança em outras pessoas em momentos cruciais, terão papel ativo na capacidade de se destacar como líder pessoal.

TENHA CONSCIÊNCIA (E DESCONFIE) DAS LIMITAÇÕES AUTOIMPOSTAS

Você pode estar se agarrando a falsas crenças limitantes que estão interferindo de modo subconsciente na sua capacidade de conquistar os objetivos que deseja na criação de seus filhos.

Por exemplo, você pode ser alguém que repete: "Eu queria ser uma pessoa mais organizada" ou "Eu queria ser melhor em matemática para poder ajudar meus filhos a entender a lição de casa". Na realidade, você é inteiramente capaz de fornecer essa estrutura e inspiração para motivar as crianças a fazer o trabalho delas. Pensar em si mesmo como alguém menos capaz presume o fracasso iminente e prejudica sua capacidade de ter sucesso. A vida tem obstáculos suficientes sem que você precise criar mais!

Os líderes pessoais eficazes examinam intensamente suas crenças, decidem quais servem para eles e eliminam aquelas que não lhes são úteis.

Quando se vir diante de algo que parece uma crença limitante, desde "Não tenho tempo suficiente" até "Jamais poderia fazer isso", faça uma pausa e transforme suas afirmações limitantes em perguntas fortalecedoras, como: "*Onde eu posso encontrar mais tempo em minha agenda? Como posso fazer isso?*"

Agir dessa maneira permite que você utilize sua criatividade inata e encontre soluções. Sempre é possível encontrar uma alternativa quando você está comprometido. Como disse a tenista Martina Navratilova: "A diferença entre envolvimento e comprometimento é como presunto e ovos. A galinha está envolvida; o porco está comprometido." Estar totalmente envolvido é fundamental para fazer algo acontecer.

VEJA A SI MESMO COMO MELHOR DO QUE NUNCA

Como Hal escreveu em *O Milagre da Manhã*, a maioria de nós sofre da "síndrome do espelho retrovisor", limitando nossos resultados atuais e futuros com base em quem éramos no passado. Lembre-se: *embora onde você está seja resultado de quem você foi, para onde você vai depende inteiramente da pessoa que você escolhe ser a partir deste momento.* Isso é especialmente importante para pais e mães. Você vai cometer erros com seus filhos. Não deixe a culpa em relação a isso impedir que você olhe para a frente. Aprenda com os erros e melhore da próxima vez.

Quando conseguimos transmitir isso aos nossos filhos, há uma probabilidade muito maior de eles fazerem o mesmo. Assisti a uma entrevista com a Sara Blakely, fundadora da Spanx e mais jovem bilionária dos Estados Unidos, que atribui seu sucesso a um *mindset* influenciado por seu pai. "Durante a infância, ele nos estimulava a fracassar. Nós voltávamos da escola e ele perguntava durante o jantar: 'Em que você fracassou hoje?' Se não tivéssemos algo para contar, ele ficava decepcionado. Era um tipo de psicologia reversa bem interessante. Eu chegava em casa dizendo que tinha tentado algo e fui péssima, e ele me parabenizava." Se permitimos que eles aconteçam, os erros podem se transformar em nossas maiores lições.

Todos nós cometemos erros! Os seres humanos não vêm com manual de instruções, e as crianças podem ser altamente imprevisíveis. Sempre vai haver alguém com uma opinião não solicitada sobre o jeito como você está criando seus filhos. Não ouça esse ruído! Confie em suas escolhas como pai ou mãe e, quando não tiver certeza, procure as respostas e o apoio de que precisa. Existe muita crítica aos pais hoje em dia, de conflitos entre mães à tendência dos "pais justiceiros" e o *bullying* na internet. Isso entristece o meu coração. Precisamos encontrar a compaixão pelas pessoas e nos colocar no lugar delas antes de julgar as escolhas alheias.

É verdade que ouvimos histórias horríveis sobre pais que machucam os filhos de propósito. Mas acho que os meios de comunicação tendem a exagerar. Na maior parte das vezes, os pais querem, sim, o melhor para os filhos. Criá-los no dia a dia não é uma situação de vida ou morte, e as crianças são muito adaptáveis. Já cometi incontáveis erros como mãe, e meus dois filhos felizmente ainda estão respirando.

Quando Tyler era um bebezinho, provavelmente com duas semanas de vida, notei que ele estava arranhando o rosto. Decidi que era hora de cortar suas unhas pela primeira vez. Peguei um pequeno cortador de unhas que alguém me deu no chá de bebê e comecei. A primeira unha foi um sucesso! A segunda, nem tanto. Em vez de cortar a unha, atingi o dedinho sem querer. Ele começou a gritar de dor na mesma hora enquanto o corte sangrava. Eu me senti a pior mãe do mundo naquele momento e, em meu estado de privação de sono, comecei a chorar. Felizmente minha mãe estava nos visitando e veio me ajudar. Ela me acalmou e me obrigou a tirar um cochilo. Todos os pais cometem erros (especialmente quando estamos cansados ou distraídos), mas se você consegue extrair a lição do erro, vai se tornar um pai ou mãe melhor por isso; um pai ou mãe excepcional.

As lições que aprendi naquele dia foram:

- Acidentes acontecem.
- O amor do pai e da mãe não vai proteger meus filhos de se machucarem, seja em termos físicos ou emocionais.
- Às vezes eu vou causar dor a eles sem querer.
- Ter um tempo de descanso é importante e tirar cochilos ajuda muito.

Também percebi que as crianças têm muita capacidade de adaptação. Os cortes se curam e a dor emocional pode ser superada — e a dor frequentemente gera nossas melhores lições. Após um pouco de pesquisa, também descobri que é melhor lixar a unha de um recém-nascido em vez de cortar. No dia seguinte, considerei-me uma mãe melhor por causa dessa situação.

Todos os pais e mães de sucesso fizeram a escolha de se ver como melhores do que nunca em algum ponto. Eles deixam de manter crenças limitantes com base no passado e começam a formar crenças com base no potencial ilimitado que têm. Também precisamos ver nossos filhos por esse prisma. É verdade que eles têm o mesmo potencial ilimitado, mas muitas vezes nós os limitamos com *nossos* medos ou com a culpa que projetamos neles.

Esta é a história do nosso amigo Jon Vroman, fundador da Front Row Foundation, sobre o filho dele, Tiger. Quando o pequeno Tiger tinha 4 anos, Jon o levou a um parque de diversões onde o menino viu uma parede de escalada de 12 metros e imediatamente quis escalar. Jon ficou apreensivo, pois não queria ver o filho se decepcionar por não chegar até o topo. Ele tentou levá-lo para outro brinquedo, mas após a persistência de Tiger, acabou deixando o garotinho experimentar a escalada.

Tiger estava empolgado conforme colocava os equipamentos de segurança e começou a subir enquanto um funcionário do parque segurava a corda. Ele tinha subido uns nove metros de altura quando a parede começou a se curvar, deixando a subida mais desafiadora. Jon pensou que o filho não conseguiria chegar ao topo. Quase na mesma hora, Tiger olhou para baixo e disse:

— Papai, eu não consigo.

Jon olhou para cima e respondeu:

— Tudo bem filho, você tentou.

O funcionário do parque se virou para Jon e comentou:

— Acho que o seu filho consegue.

Ele então gritou para Tiger:

— Ei, amiguinho, tente de novo!

Com a recém-descoberta confiança e um pouco de estímulo, Tiger tentou mais uma vez.

Tiger subiu até o topo e, depois de apertar um botão que fazia luzes piscarem, abriu um imenso sorriso. Naquele momento, Jon, um coach de vida e palestrante motivacional bastante conhecido, ficou muito feliz pelo filho e se sentiu péssimo como pai. Por que foi tão fácil para o funcionário do parque ver o potencial de Tiger, mas não para Jon? Porque ele estava sofrendo da síndrome do espelho retrovisor. Jon percebeu que estava vendo Tiger pelo que costumava ser, não pelo que o menino era agora ou mesmo pelo o que poderia ser no futuro. Quando percebeu o erro, foi capaz de mudar de *mindset* e usar essa experiência para ajudar outras pessoas. Até um palestrante motivacional conhecido precisa aprender uma lição enquanto motiva o filho de vez em quando.

Uma das melhores formas de se ver como um pai ou uma mãe melhor a cada dia é seguir a fórmula de quatro passos para criar afirmações definida no Capítulo 3. Crie afirmações capazes de reforçar o que é possível para você e lembre-se da pessoa em quem você se comprometeu a se transformar. As afirmações vão evoluir ao longo do tempo, então experimente vários tipos até encontrar algo com que você se identifique.

BUSQUE APOIO ATIVAMENTE

Como diz o velho ditado, é preciso um vilarejo para criar uma criança. Buscar ajuda é crucial para pais e mães, mas muitos enfrentam dificuldades e sofrem em silêncio porque supõem que todos têm mais capacidade e se recusam a procurar ajuda.

Pais e mães que são líderes pessoais sabem que não conseguem agir sozinhos. Você pode precisar de apoio moral para reabastecer o reservatório de energia que as crianças são famosas por esvaziar. Ou pode precisar de apoio em termos de responsabilização para superar a tendência a diminuir o comprometimento quando a situação fica difícil. Todos nós precisamos de apoio em áreas diferentes da vida, e os melhores líderes pessoais entendem e usam isso a seu favor.

A Comunidade de *O Milagre da Manhã* no Facebook é um ótimo lugar para procurar ajuda. Os integrantes são positivos e receptivos. Experimente se juntar a um grupo local de pais. O meetup.com é um excelente site para encontrar pais com um *mindset* semelhante na sua região. Recomendo muito obter um parceiro de responsabilização e, se possível, um coach de vida para ajudar você.

Também considero de importância vital que as crianças sejam expostas a pontos de vista diferentes da mãe e do pai. Se você tiver parentes morando perto, peça a ajuda deles. Sou abençoada por ter meus pais a apenas 15 minutos de distância — e eles adoram visitar os netos! Às vezes eles nos ligam e pedem para tomar conta das crianças. Você pode não viver a mesma situação, mas *tudo* é possível quando há compromisso. Você pode organizar uma cooperativa de serviços de babá com os amigos ou vizinhos, contratar uma babá ou auxiliar ou encontrar outra solução criativa. Muitas academias de ginástica, igrejas e centros de atividades infantis têm noites de brincadeiras onde você pode deixar os filhos aproveitando algumas horas de diversão e pizza enquanto os pais saem para uma noitada.

OS CINCO PRINCÍPIOS BÁSICOS DA LIDERANÇA PESSOAL

Para crescer na vida pessoal e se tornar uma mãe ou um pai excepcional, é preciso ser um líder pessoal incrível. O meu jeito favorito de cortar a curva de aprendizado pela metade e diminuir o tempo necessário para aperfeiçoar as habilidades como pai ou mãe é imitar as pessoas cujo relacionamento com os filhos você admira e usá-las como modelos de comportamento.

Durante as pesquisas para esta obra, li muitos livros sobre *mindset* que revelaram uma infinidade de estratégias eficazes. Aqui estão as cinco que vão economizar anos na busca pela excelência em termos de liderança pessoal:

1. Assumir 100% da responsabilidade
2. Conquistar a independência financeira
3. Priorizar a boa forma física
4. Sistematizar o seu mundo
5. Comprometer-se com a consistência

PRIMEIRO PRINCÍPIO: ASSUMIR 100% DA RESPONSABILIDADE

A verdade é esta: se você não está levando a vida que gostaria e conquistando os objetivos que deseja agora, a responsabilidade é sua. Dito isso, o comportamento e as escolhas dos seus filhos não deveriam determinar o seu sucesso como pai ou mãe. Nossos filhos são indivíduos autônomos, precisam viver o próprio caminho e cometer os próprios erros para aprender suas lições. Se o seu filho pequeno tiver um ataque de birra no supermercado, não significa que você é um pai ou mãe terrível, mas a sua forma de lidar com a situação é importante, e para isso é preciso assumir 100% da responsabilidade. Também precisamos levar em conta que nossos filhos são jovens. Se não alimentarmos a bebê e ela tiver um ataque de birra no supermercado, precisamos assumir 100% da responsabilidade por esse ataque de birra. Somos os adultos da situação e devemos agir como tais.

Quanto mais cedo você se der conta disso, mais rápido vai avançar. Essa não foi uma afirmação grosseira; o objetivo é chamar sua atenção. As pessoas de sucesso raramente são vítimas; elas assumem a responsabilidade por todos os aspectos da vida, seja pessoal ou profissional, bom ou ruim, trabalho deles ou de outra pessoa.

Enquanto os pais medíocres reclamam muito mas não agem para mudar a situação, os pais de sucesso veem o papel individual deles em todas as situações e analisam como poderiam melhorar. Eles encontram os recursos certos e (mais importante!) procuram adquirir as habilidades necessárias para construir relacionamentos familiares saudáveis, que são fundamentais na criação dos filhos.

De acordo com Hal: "O momento em que você assume 100% de responsabilidade por *tudo* na vida é quando retoma o poder de mudar *tudo* em sua vida. No entanto, é preciso entender que responsabilidade não é o mesmo que *culpa*. Enquanto a culpa determina quem errou em algo, a responsabilidade determina quem está comprometido a melhorar uma situação. Raramente quem errou importa. O importante é que VOCÊ esteja comprometido a melhorar a situação." Ele tem razão. E é poderoso quando você começa a pensar e agir de acordo com esse preceito. Subitamente, a vida está sob seu controle.

Quando você assume a responsabilidade pela própria vida, não há tempo para discutir de quem é a culpa. Se você é responsável pelos próprios resultados, faz com que eles aconteçam. Sempre há uma escolha sobre a forma de reagir em qualquer situação.

Veja um exemplo: você está a caminho da academia com as crianças quando passa em um buraco na estrada e o pneu do carro fura. Você pode perder tempo culpando a prefeitura por não consertar a pavimentação e xingar muito (*mindset* de vítima) ou pode demonstrar autocontrole e agir para resolver o problema. Você pode brigar com o funcionário do reboque quando ele finalmente aparecer para levar o carro à oficina ou pode tratá-lo com respeito e compreensão. Você pode deixar esse acontecimento acabar com o seu dia ou considerá-lo uma aventura.

Como disse Ryland Engelhart, diretor-executivo e visionário do Café Gratitude: "Nossa verdadeira responsabilidade é a capacidade de reagir."

Quando culpamos os filhos porque não temos a vida que gostaríamos, isso gera ressentimento, que pode criar um ambiente nocivo em casa. Mesmo que não tenha sido a sua intenção ou escolha ter um filho, é hora de assumir a responsabilidade pela sua vida e pelos seus filhos. Culpá-los por qualquer sonho não realizado não é justo, e obrigá-los a viver o seu sonho é ainda pior. Assuma a responsabilidade pelos seus sonhos e encontre um jeito de transformá-los em realidade para *você*.

SEGUNDO PRINCÍPIO: CONQUISTAR A INDEPENDÊNCIA FINANCEIRA E AGIR DE ACORDO COM ELA

De acordo com a USDA, o custo médio de criar um filho nascido em 2013 (tinyurl.com/p8h5l7n) até os 18 anos para uma família de classe média nos

Estados Unidos gira em torno de US$ 245.340 (aproximadamente R$ 1 milhão), que representa entre US$ 12.800 e US$ 14.970 (aproximadamente R$ 50 mil e R$ 60 mil) por ano. E isso é antes de entrar na faculdade! Como está a sua situação financeira? Você está ganhando significativamente mais dinheiro do que precisa para sobreviver? É capaz de poupar, investir e dividir parte de sua renda regularmente?

Se não for o caso, não se critique demais: você não está sozinho. A maioria das pessoas tem menos de dez mil dólares (aproximadamente quarenta mil reais) em seu nome e uma média de 16 mil dólares (aproximadamente 65 mil reais) em dívidas sem garantia. Se isso descreve a sua situação, não vou julgar: apenas recomendo que você volte ao primeiro princípio e assuma 100% da responsabilidade pela própria situação financeira. Nós já vimos e ouvimos todos os motivos para alguém mergulhar em dívidas, não conseguir poupar e não ter reservas financeiras. Nenhum deles importa agora. Sim, o melhor momento para começar a economizar uma porcentagem da sua renda foi cinco, dez ou vinte anos atrás, mas o segundo melhor momento é agora. Tenha você vinte, quarenta ou sessenta anos de idade, nunca é tarde para assumir o controle de suas finanças pessoais. Você vai sentir um imenso aumento na disposição ao assumir o controle e poderá usar a poupança acumulada para criar ainda mais riqueza, porque terá dinheiro para investir em novas oportunidades. Parece bom, não é?

É mais importante do que nunca prestar atenção às finanças, tanto para ganhar mais dinheiro, se possível, como para ser inteligente em relação ao que fazer com ele. No entanto, aprender a ganhar dinheiro é apenas metade da batalha. Aprender a *mantê-lo*, poupando e investindo com sabedoria, é uma parte importante do quebra-cabeça.

A liberdade financeira não é algo que se conquista da noite para o dia. É resultado de desenvolver *agora* o *mindset* e os hábitos que vão levá-lo ao caminho da independência financeira. Isso não tem nada a ver com quanto dinheiro você ganha. E uma questão de viver dentro das suas posses, aprender a lidar com o dinheiro e encontrar veículos de investimento que façam o dinheiro trabalhar a seu favor. Se você seguir um orçamento e mantiver as despesas baixas, o poder dos juros compostos vai aumentar sua renda passiva até um ponto em que ela cubra ou exceda o seu custo de vida. A independência financeira é possível para qualquer pessoa disposta a trabalhar e se tornar um estudante do dinheiro.

Aqui estão os três passos que você pode dar agora mesmo para começar neste caminho:

Primeiro passo: reservar 10% de sua renda para poupar e investir. Na verdade, recomendo que você comece pegando 10% de tudo o que tiver no banco agora e colocando em uma conta poupança separada (pode ir, eu espero). Faça os ajustes necessários no estilo de vida para viver com 90% da renda atual.

Dizendo de outra forma, pague a si mesmo antes de tudo. Pense nessa poupança como um dinheiro para o seu futuro. Pague essa conta primeiro e depois viva com o resto em vez de fazer o contrário. A maioria das pessoas paga todas as contas e, se por acaso algo sobrar, guarda. Adivinhe: nunca vai sobrar nada com essa estratégia! Separe 10% em primeiro lugar e viva com o resto. Se isso significa que a conta da TV por assinatura não será paga, tudo bem. Faça uma lista de prioridades e valores e, se algo não se encaixar nela, pare de pagar por isso a fim de ter o dinheiro para poupar. Por exemplo, se um dos seus valores familiares é ser saudável, mas você está gastando muito com fast-food todo mês, pode ser hora de reavaliar essa despesa.

Para nós, poupar é um processo automatizado. Definimos uma transferência automática duas vezes por mês que coloca 10% do nosso rendimento em uma conta poupança. Assim, não ficamos tentados a gastar o dinheiro. Ouvi falar de pessoas que chegaram a ter a conta poupança em outro banco ao qual só podem ter acesso indo ao caixa fazer um saque. Essa é a importância de poupar!

Segundo passo: pegar outros 10% para doar. A maioria das pessoas ricas doa uma porcentagem da renda para causas em que acreditam, mas não é preciso esperar até ficar rico para começar essa prática. Segundo Tony Robbins: "Se você não doar um dólar a cada dez que receber, nunca doará um milhão a cada dez milhões." Não consegue reservar 10% sem deixar de pagar o aluguel? Tudo bem, então comece com 5%, 2% ou 1%. Não é a quantia que importa, e sim desenvolver o *mindset* e criar um hábito capaz de mudar o seu futuro financeiro e servir a você pelo resto da vida. Se o dinheiro estiver curto no momento, dedique o seu tempo ou suas habilidades. É preciso ensinar ao subconsciente que ele pode produzir renda abundante, que existe mais do que o suficiente e sempre haverá mais no futuro. Esse *mindset* é importante para você e seus filhos. Eles estão observando como você trata suas finanças. Ensine-os a criar abundância e eles vão agradecer a você pelo resto da vida.

Para ensinar sobre dinheiro, nós damos a cada um dos nossos filhos uma mesada (sim, até o caçula de 3 anos recebe uma). Eles ganham 15 dólares por semana, mas precisam dividir, pois recebem sete dólares para gastar, cinco para economizar e três para doar. Quando as crianças juntam cinquenta dólares, nós as levamos ao banco para depositar o valor na poupança, onde vai render juros. Sempre que aparece uma causa que eles desejem apoiar, nossos filhos podem tirar dinheiro do envelope de doações. Até agora, eles deram dinheiro para a 1LifeFullyLived.org, Turkeybundance.org (uma organização que doa perus no Dia de Ação de Graças) e a fundação do hospital da nossa cidade. Conversamos com eles sobre dinheiro e apresentamos princípios financeiros básicos, como juros e a ideia de investir.

Não associamos a mesada a qualquer comportamento específico, mas esperamos que eles sejam coerentes, produtivos e contribuam com a família. Em troca, eles recebem dinheiro e nós esperamos que o administrem de acordo com nossos valores familiares. Isso ajuda a entender como o dinheiro funciona, a assumir a responsabilidade por atraí-lo e a fazer escolhas razoáveis para usá-lo. Nós percebemos que as crianças cometem vários erros com o dinheiro, mas é melhor aprender essas lições cedo do que sentir o baque quando precisarem decidir se vão se endividar para pagar a faculdade.

Em seu livro *The Opposite of Spoiled* [O oposto de mimado], Ron Lieber diz: "Toda conversa sobre dinheiro fala de valores. A mesada é uma questão de paciência. Doar é uma questão de generosidade. O trabalho é uma questão de perseverança. Negociar seus desejos e necessidades e a diferença entre eles tem muito a ver com economia e prudência." Ensinar seus filhos a lidar com o dinheiro também é ensinar seus valores familiares, então não deixe de fazer isso.

Terceiro passo: educar-se continuamente em relação ao dinheiro. Agora que você tem filhos, dinheiro é um dos assuntos mais importantes a serem dominados, e você pode começar acrescentando os seguintes livros, que abordam vários aspectos da independência financeira, à sua lista de leitura:

- *Pai rico, pai pobre: o que os ricos ensinam aos filhos sobre dinheiro*, de Robert Kiyosaki
- *Dinheiro: 7 passos para a liberdade financeira*, de Tony Robbins
- *Os segredos da mente milionária*, de T. Harv Eker
- *The Total Money Makeover: A Proven Plan for Financial Fitness* [A reforma financeira total: um plano comprovado de adequação financeira], de Dave Ramsey
- *The Millionaire Fastlane: Crack the Code to Wealth and Live Rich for a Lifetime* [A via expressa milionária: decifre o código da abundância e seja rico pelo resto da vida], de MJ DeMarco
- *The Opposite of Spoiled: Raising Kids Who Are Grounded, Generous, and Smart About Money* [O oposto de mimado: criando filhos centrados, generosos e sábios ao lidar com o dinheiro], de Ron Lieber
- *The First National Bank of Dad: The Best Way to Teach Kids About Money* [O primeiro banco nacional do papai: a melhor maneira de ensinar as crianças sobre dinheiro], de David Owen
- *Earn It, Learn It: Teach Your Child Value of Money, Work, and Time Well Spent* [Ganhe e aprenda: ensine aos seus filhos o valor do dinheiro, trabalho e tempo bem-investidos], de Alisa T. Weinstein

TERCEIRO PRINCÍPIO: PRIORIZAR A BOA FORMA FÍSICA

Como está a sua saúde ultimamente? Você consegue se levantar antes do despertador para fazer o que é importante, lidar com todas as demandas e apagar os incêndios inevitáveis sem terminar o dia exausto e sem fôlego?

Já falamos sobre os exercícios na parte dos Salvadores de Vida e, sim, vou discutir isso de novo agora. A saúde e a boa forma física são comprovadamente fatores cruciais para manter o nível de disposição e sucesso, especialmente para pais e mães. Para reagir com compaixão ao fluxo constante de necessidades, crises, projetos escolares, dilemas sociais e pedidos de última hora que os filhos jogam em cima de você, é preciso ter toneladas de energia. Criar filhos é, sem dúvida, um esporte que exige disposição. E, como em qualquer esporte, é necessário ter um suprimento extraordinário de vigor para se destacar.

Estar disponível para dar conselhos, fazer refeições, ter conversas divertidas, oferecer apoio emocional, participar de brincadeiras físicas, projetos de arte e para limpar tudo (eu poderia continuar, mas a lista seria tão longa quanto o resto do livro) pode ser exaustivo. Se você estiver acima do peso, fora de forma e constantemente sem fôlego, definir objetivos maiores para a criação dos filhos será, na minha opinião, a receita para o desastre. Você vai sentir a disposição acabar bem antes do dia.

A boa notícia é que isso está (quase) totalmente dentro do seu controle!

Estas são três práticas de pais saudáveis que você pode usar para garantir um nível de saúde, boa forma física e disposição para cumprir inteiramente os seus objetivos na criação de seus filhos:

1. **Comer e beber para vencer.** Dizendo de modo bem simples, tudo o que você ingere contribui para melhorar ou piorar sua saúde. Beber água está na lista que melhora a saúde, enquanto doses duplas de tequila pioram. Comer frutas e vegetais frescos também é saudável. Passar no drive thru para devorar fast-food? Definitivamente, não. Eu sei que você sabe como funciona. Não é impossível entender, mas é preciso parar de se enganar. Hoje eu recomendo que você tenha consciência do que está ingerindo e de como isso afeta sua vida. Vou mergulhar mais nisso no próximo capítulo, sobre engenharia de energia, mas me deixe também dizer o óbvio: seus filhos veem como você lida com a comida. Você quer uma vida saudável para eles, não há dúvida em relação a isso, mas é preciso ensiná-los a ser saudáveis. E o momento de começar é agora.

2. **Dormir para vencer.** Quero fazer um lembrete gentil: uma boa noite de sono é a base para a disposição máxima, pensamentos lúcidos e tomar boas decisões ao longo do dia. Você provavelmente já sabe de quantas horas precisa para estar no seu melhor condicionamento e, acredite, essa rotina vai voltar em algum momento. Contudo, não desista de tentar, mesmo se as crianças acordarem você dez vezes por noite. Faça engenharia reversa na agenda para dormir o máximo possível e conseguir todo o descanso necessário a fim de obter o melhor desempenho. Se estiver em casa durante o dia com as crianças, preste atenção ao ciclo de sono delas e organize tudo de modo a permitir que as crianças e você tenham a melhor noite de sono possível. Quando puder, tire um cochilo enquanto elas dormem!
3. **Exercitar-se para vencer.** Não é coincidência que você raramente veja pais e mães bem-dispostos que estejam terrivelmente fora de forma. A maioria deles dedica entre trinta e sessenta minutos diários à academia ou pista de corrida porque entende o papel crucial dos exercícios físicos diários para o sucesso. Embora os exercícios como parte dos Salvadores de Vida façam você começar o dia com cinco a dez minutos de movimento, recomendo o compromisso de fazer de trinta a sessenta minutos de atividades físicas adicionais de três a cinco vezes por semana. Isso vai garantir a aptidão física, a disposição e a confiança de que você precisa para ser um ótimo pai ou mãe.

QUARTO PRINCÍPIO: SISTEMATIZAR O SEU MUNDO

Os líderes pessoais eficazes têm *sistemas* para quase tudo, desde atividades profissionais como agendamento, acompanhamento, fazer pedidos e mandar cartões de agradecimento até atividades pessoais como dormir, comer, administrar dinheiro, fazer manutenção em carros e lidar com as responsabilidades familiares. Esses sistemas facilitam a vida e garantem que pais e mães estejam prontos para tudo.

Veja três exemplos de técnicas básicas:

1. **Automatizar tudo o que puder.** Lá em casa, o leite é obrigatório. Nós precisávamos passar no supermercado constantemente para reabastecer o estoque, e isso virou um fardo. Descobrimos uma fazenda local que ainda entrega o leite à moda antiga, então decidimos contratar esse serviço e receber o leite em casa em vez de correr o tempo todo para comprar mais. Se houver algo em sua vida que não traga alegria, tente eliminar isso por meio da automação.
   Eu odeio limpar banheiros e lavar roupa, então dei um jeito de contratar quem faça essas tarefas por mim. Um benefício disso é que ficamos responsáveis por manter a casa arrumada. A faxineira só pode trabalhar bem se o chão e as superfícies estiverem livres. Em nossa casa, a noite de terça-feira é o momento de arrumar a bagunça. Toda a família se envolve no processo de deixar a casa pronta para a faxineira. Sei que nem todo mundo pode pagar pela faxina, mas se esse for o seu caso, é possível trocar serviços com amigos ou elaborar outras soluções criativas. Uma das mães que conheço incluiu a limpeza da casa nos exercícios dos Salvadores de Vida, fazendo um pouquinho a cada manhã.
2. **Bolsas de fraldas e mais.** Além de ser um escritor de sucesso, Hal é um palestrante que viaja toda semana, dividindo a mensagem de *O Milagre da Manhã* com plateias do mundo inteiro. Juntar os itens de que precisava para cada viagem gastava tempo, era ineficiente e ineficaz, pois ele frequentemente deixava algo em casa ou no escritório. Após esquecer o carregador do notebook pela terceira vez e ter que procurar uma loja da Apple para comprar outro pelo "precinho" de 99 dólares (cerca de quatrocentos reais), além de pedir à recepção do hotel um carregador de celular, lâmina de barbear ou um par de abotoaduras deixadas para trás por algum hóspede distraído, ele disse "chega" e organizou uma bolsa com todos os objetos necessários para

suas viagens. Agora, Hal pode viajar imediatamente porque a bolsa contém todos os objetos para fazer negócios na estrada: cartões de visita, panfletos, cópias de seus livros, adaptadores e carregadores para o celular e computador e até protetores de ouvido caso o vizinho do quarto de hotel seja barulhento.

Você precisa de um sistema quando tem um desafio recorrente ou descobre que está perdendo objetos importantes por falta de planejamento. Se você sai de casa com tempo apenas para chegar ao primeiro compromisso do dia e descobre que o carro está quase sem gasolina, vai precisar de um sistema para sair de casa mais cedo. Veja algumas formas de se planejar com antecedência:

- Reserve um tempo na noite anterior e prepare o lanche das crianças, além da sua bolsa de ginástica.
- Deixe uma bolsa no carro com uma muda de roupas para quando as crianças inevitavelmente se sujarem ou se molharem.
- Prepare um kit de sobrevivência com protetor solar, curativos, repelente e lenços umedecidos.
- Faça um estoque de lanches saudáveis para comer na rua (maçãs, chips de couve, cenouras etc.), evitando que você pare em uma loja de conveniência e escolha algo pouco saudável.
- Em outras palavras, você usa um sistema quando precisa se organizar. Uma vida sem sistemas é cheia de estresses desnecessários! Isso é particularmente verdadeiro para pais e mães ocupados.

3. **Agenda flexível.** Vou mostrar algo que vai mudar totalmente sua capacidade de produzir resultados espetaculares e consistentes com seus filhos. Muitas pessoas talvez até queiram se estapear quando ouvirem isso, porque é algo que praticamente todos os pais e mães sabem e quase ninguém faz com eficácia e consistência: *é preciso ter um plano de ação predeterminado e preenchido com as atividades que vão levar você aos objetivos que escolheu. Depois, coloque todas as atividades em uma agenda diária e siga o máximo que puder.*

As crianças prosperam quando têm uma agenda; quanto mais previsível for a rotina, mais seguras elas vão se sentir. Não digo que a flexibilidade na agenda seja proibida. Na verdade, recomendo fortemente que você deixe uma boa margem de manobra, especialmente se tiver crianças pequenas. Quando você reserva blocos de tempo, conquistar objetivos deixa de ser uma questão de *se*, e passa a ser uma questão de *quando*.

Quantas vezes seu filho não conseguiu calçar os sapatos depois de você ter pedido três vezes e acabou atrasando a saída para o primeiro compromisso? Existe uma boa probabilidade de você se atrasar ainda mais ao longo do dia e cumprir poucos itens da sua lista de tarefas.

Mike consegue reservar blocos de tempo de modo mais tradicional porque seu trabalho exige isso, mas como mãe que fica em casa em tempo integral, preciso acrescentar mais flexibilidade à minha rotina. Afinal, as crianças ficam doentes, têm pesadelos e nem sempre estão com fome na hora de comer antes de ir para a escola, então eu uso uma agenda geral em vez de blocos rígidos de tempo.

Sigo o que chamo de semana ideal. Cada dia é um pouco diferente do outro na minha agenda, por isso trabalho com o conceito de semana ideal em vez de dia ideal. Por exemplo, esta é a minha segunda-feira ideal:

- 6h30: acordar e fazer meu *Milagre da Manhã*.
- 7h30 às 8h45: as crianças acordam e nós nos preparamos para o dia.
- 8h45: sair para a escola.
- Depois, ir para a academia enquanto Tyler está na escola e Ember fica na creche do local.
- Após a academia, ir ao supermercado com Ember e almoçar lá.
- Quando voltarmos para casa, guardar as compras e colocar Ember para tirar um cochilo.
- Tenho cerca de duas horas para cumprir minha lista de tarefas.
- As crianças estão acordadas ou em casa (permito que elas passem um tempo vendo TV ou utilizem dispositivos móveis, caso seja necessário para cumprir mais tarefas) ou aproveito para brincar com elas.

- 17h30: começo a fazer o jantar, com ajuda das crianças.
- Comer quando o jantar estiver pronto.
- Lavar a louça do jantar enquanto Mike fica com as crianças.
- 20h: todos os aparelhos eletrônicos são desligados para o banho ou momento de calma, leitura e sono.
- Após as crianças dormirem, passar um tempo com Mike e depois dormir.

Você vai notar que algumas tarefas têm um horário atribuído, enquanto outras são motivadas por eventos: fazer isso, depois aquilo e depois aquilo. Criei a agenda *ideal*, e essa abordagem exige um sistema de planejamento separado em que as tarefas a cumprir são listadas (preferivelmente em ordem de prioridade, para que você faça o que for mais importante primeiro).

Também faço anotações mentais do tempo que as tarefas exigem ao longo do dia. Por exemplo, as crianças levam cerca de dez minutos para encontrar e calçar os sapatos antes de sairmos de casa; então, se precisamos sair às 8h45 para estar em algum lugar, sei que preciso pedir às crianças para começar esse processo pelo menos às 8h35. Também preciso ser flexível se algo inesperado acontecer. Por exemplo, se minha filha acorda com febre quando planejei levá-la comigo à academia para me exercitar, eu preciso me adaptar. Como isso não é mais possível, faço meus exercícios em casa enquanto minha filha tira uma soneca.

Veja outro exemplo: sei que levo cerca de duas horas para ir ao supermercado, fazer as compras e voltar para casa. Se no caminho até o supermercado Ember reclama que está cansada, eu a levo para tirar um cochilo em casa e faço algumas tarefas da lista, deixando as compras para quando ela estiver mais disposta. Eu posso trocar os blocos de tempo da soneca e das compras sem problemas. No livro *A única coisa*, o fundador da Keller Williams Realty International, Gary Keller, diz: "Às vezes o pedido é real, precisa ser feito agora e você precisa seguir a regra do 'Se apagar, precisa substituir', reagendando seu bloco de tempo naquele instante." Uma criança em idade pré-escolar não pode ser ignorada quando está cansada, na minha opinião. É muito melhor levá-la para descansar em casa e adiar a ida ao supermercado.

Tudo o que já está automatizado também entra na semana ideal, então uma parte da terça-feira após lavar a louça do jantar está reservada para arrumar a bagunça da casa. E a quarta-feira é o dia da faxineira.

Não é preciso reinventar a roda para criar um sistema. É bem provável que alguém tenha tido alguma dificuldade e enfrentado algum desafio que você está vivendo. Procure essas pessoas na internet ou na sua região. Se as ideias ainda não vierem, encontre a pessoa mais próxima que seja excelente no que você está com dificuldade para fazer e peça conselhos! Ela pode trilhar o mesmo caminho que o seu e apenas estar um pouco mais adiante. Você logo terá os sistemas de que precisa e poderá aproveitar a disposição extra que eles oferecem.

QUINTO PRINCÍPIO: COMPROMETER-SE COM A CONSISTÊNCIA

Se existe um segredo não tão óbvio para o sucesso, é: *comprometa-se com a consistência*. Todo resultado que você deseja, de melhorar a aparência e expandir a empresa até passar mais tempo com sua família, exige uma abordagem consistente para obter os resultados desejados.

A consistência para pais e mães está associada a menos problemas de comportamento nos filhos. "A consistência entre pais, mães e cuidadores é muito importante", diz o Dr. Bernard Arons, diretor do Centro para Serviços de Saúde Mental de Washington. "A criança aprende a abordar o mundo observando o comportamento e os valores das pessoas ao redor. Quanto mais consistentes forem as mensagens que ela receber, mais estável ela se sentirá. Sem consistência, as crianças têm dificuldade para se controlar." Pesquisas mostram que uma abordagem impositiva é mais eficaz. Em outras palavras, os pais e cuidadores que estimulam as crianças a cumprir compromissos, pensar por conta própria e analisar os motivos para a existência das regras dão liberdade e responsabilidade em doses iguais aos filhos.

Os pais que inspiram o comportamento consistente nos filhos agem de modo consistente. Por exemplo, se a regra é nada de aparelhos eletrônicos até as crianças terem se vestido e tomado o café da manhã, mas um dia a regra é subitamente esquecida, fica confuso para as crianças entenderem. Você não pode insistir que seus filhos sigam as regras só quando você decide aplicá-las ou apenas quando estiver inspirado. É preciso definir suas expectativas em termos de criação de filhos e valores familiares e agir de modo consistente, todos os dias e por um extenso período de tempo, para que as crianças os adotem e saibam o que esperar.

Muitos pais leem um livro sobre criação de filhos, experimentam as sugestões por uma semana e decidem que a abordagem não funciona. Eles mudam para o estilo natural de criar os filhos ou passam para o próximo livro e experimentam por uma semana, sem obter resultados. Graças à cultura de gratificação instantânea, decidimos rapidamente que algo não funciona se não obtemos resultados imediatos e não damos ao processo que escolhemos o tempo necessário para criar os resultados que desejamos em nossos filhos.

Nos capítulos a seguir, vou fornecer as informações e o direcionamento que você precisa tomar para agir de modo consistente. Por enquanto, prepare sua mente para continuar, mesmo quando os resultados desejados não vierem com a rapidez necessária, e tenha vigor para suportar muitas rejeições e decepções por parte dos seus filhos enquanto eles se ajustam ao novo pai ou mãe. Os melhores pais são consistentes, persistentes e têm dedicação inesgotável para agir todos os dias. Você também precisa ser assim!

COMO VAI A SUA AUTOESTIMA?

Como sugeriu o dramaturgo norte-americano August Wilson: “Enfrente as suas partes sombrias e trabalhe para se livrar delas com iluminação e perdão. A disposição para enfrentar seus demônios vai fazer seus anjos cantarem”. A autoestima dá a coragem para experimentar novas experiências e o poder de acreditar em si mesmo.

É crucial que você se permita ter orgulho de si mesmo. Sim, é preciso ser realista em relação às próprias fraquezas e sempre lutar para melhorar, mas não hesite em sentir orgulho de seus pontos fortes e apreciar as pequenas vitórias. Criar filhos é um trabalho ingrato. Os limites que impomos para o bem dos nossos filhos só serão reconhecidos por eles quando estiverem bem mais velhos. Enquanto isso, vários dias são repletos de reclamações, portanto, se amar é crucial. Reconheça quando fizer o seu melhor. Tenho uma parte especial no meu diário em que escrevo bilhetes carinhosos para mim. Nos dias em que preciso de um estímulo a mais, eu anoto tudo o que amo e aprecio a meu respeito.

Autoestima inabalável é uma ferramenta poderosa. Você provavelmente já sabe que uma atitude negativa não leva a lugar algum! Com a atitude certa, todas as reclamações das crianças podem ser resolvidas rapidamente, pois você mantém a calma e pode criar um vínculo mais profundo com elas. Quando você tiver confiança nas próprias habilidades como pai ou mãe e compromisso com a consistência, seu comportamento vai mudar e seus filhos vão seguir o exemplo.

CONSIDERAÇÕES FINAIS SOBRE A LIDERANÇA PESSOAL

Vamos revisar os conceitos discutidos neste capítulo. Falamos sobre a importância da liderança pessoal para melhorar a vida familiar. Desenvolver a liderança pessoal ajuda a se colocar no papel de líder da própria vida, eliminando o *mindset* de vítima e garantindo que você saiba os valores, as crenças e a visão que deseja transmitir aos seus filhos.

Primeira etapa: revisar e aplicar os cinco princípios básicos da liderança pessoal:

1. **Assumir 100% de responsabilidade.** Lembre-se: assim que aceitar a responsabilidade por *tudo* na sua vida, você vai conquistar

o poder de mudar *tudo* em sua vida. O seu sucesso cabe inteiramente a você.

2. **Conquistar a independência financeira.** Comece a desenvolver o *mindset* e os hábitos que inevitavelmente vão te levar à liberdade financeira, incluindo economizar o mínimo de 10% de sua renda e continuar a estudar assuntos financeiros.
3. **Priorizar a boa forma física.** Se a boa forma física diária ainda não for uma prioridade em sua vida, mude isso agora. Além dos exercícios matinais, reserve um tempo para fazer uma atividade física mais longa, entre trinta e sessenta minutos de três a cinco vezes por semana.
4. **Sistematizar o seu mundo.** Comece criando sistemas e reservando blocos de tempo flexíveis para que seus processos tenham sido predeterminados todos os dias e o sucesso esteja garantido. É apenas uma questão de acordar e seguir o seu planejamento nos horários determinados.
5. **Comprometer-se com a consistência.** As crianças precisam de estrutura. Ao escolher a consistência com seus filhos, você se compromete com as expectativas e valores da sua família. Se estiver experimentando uma nova abordagem, dê a ela um bom período para funcionar antes de jogar a toalha e trocar por algo novo.

Segunda etapa: desenvolver o autocontrole e aperfeiçoar a autoimagem por meio de afirmações e visualização. Personalize esse processo o quanto antes, pois os resultados levam tempo; quanto mais cedo você começar, mais rápido notará a melhora.

Espero que você tenha entendido como o desenvolvimento pessoal é importante para criar uma família de sucesso. Enquanto lê este livro (e sugiro que a leitura seja feita mais de uma vez), recomendo que você aborde intencionalmente as áreas em que precisa melhorar e expandir. Se a autoestima estiver precisando de uma força, aja para melhorá-la. Crie afirmações para aumentá-la e desenvolvê-la ao longo do tempo. Visualize-se agindo com mais confiança, elevando seus níveis e se amando mais.

Se tudo isso parece avassalador, lembre-se do poder da mudança gradativa. Não é preciso fazer tudo de uma vez. E eu tenho outra boa notícia: no próximo capítulo, vou ensinar a criar energia mais do que suficiente para promover essas mudanças e conquistar todo o sucesso que deseja.

PERFIL DE CRIAÇÃO DE FILHOS

Gary Keller

Gary é um escritor que entrou para a lista dos mais vendidos do *New York Times*, além de corretor de imóveis e empreendedor. Ele fundou a Keller Williams Realty International, a maior franquia de compra e venda de imóveis do mundo, com sede em Austin, no Texas.

Gary é casado e tem um filho de 24 anos.

FILOSOFIA PARA CRIAÇÃO DE FILHOS

Resumidamente, o caráter define quem você é. Como pais e mães, acredito que o trabalho mais importante seja ajudar nossos filhos a entender e decidir quem desejam ser. A autoimagem, o conjunto de habilidades e os padrões de qualidade fazem parte disso. Criar valores começa nos pequenos atos do dia a dia. Você não mente, não trapaceia e mantém sua palavra. Como pai ou mãe, é importante definir os valores, para que em algum momento o seu filho aceite segui-los.

MELHORES DICAS PARA CRIAR OS FILHOS

Colocar a família em primeiro lugar. Provavelmente a atitude mais simples e eficaz que tomei quando nosso filho nasceu foi colocar tudo o que era pessoal em primeiro lugar na minha agenda e depois trabalhar entre esses períodos. Eu literalmente planejo a vida pessoal antes de tudo, e reservo todas as datas principais para a família, dos feriados aos aniversários e férias.

Estar presente. Algo que meu filho me ensinou logo no começo é que você não pode estar fisicamente com uma criança e com a mente em outro lugar. Não dá para ficar com seu filho jogando damas com dinossauros e pensar em trabalho. Isso não funciona. É preciso estar inteiramente presente. Minha filosofia passou a ser: "Não importa a situação, eu estou presente."

Fazer a curadoria dos relacionamentos do seu filho. Enquanto ajuda seu filho a descobrir quem ele é, o que deseja fazer e o que o deixa feliz, as pessoas com quem a criança convive são importantes. Percebi que uma das táticas a ser usada como pai era colocar as melhores pessoas que conseguisse encontrar próximas ao meu filho, e passei a fazer essa curadoria. Comecei a procurar treinadores e professores realmente bons e divertidos, e que também tivessem bons valores e ética a passar. Assim, nosso filho não só estava aprendendo uma habilidade como era criado por pessoas a quem poderia ouvir.

Fazer da sua casa um local onde todos são bem-vindos. O objetivo era que os amiguinhos do nosso filho considerassem Mary e eu uma segunda família, então fizemos da nossa casa um local onde todos são bem-vindos. Hoje, o melhor amigo do nosso filho nem bate mais na porta, simplesmente entra em casa. Nós trabalhamos arduamente para isso.

Participar de esportes individuais. Quando nosso filho era pequeno, eu entendi o valor dos esportes coletivos e estimulava nosso filho a praticá-los. Contudo, um dia percebi que, embora os esportes coletivos sejam muito legais, quem os praticava na infância não continuava na vida adulta. As pessoas que pareciam manter a prática esportiva ao longo da vida eram as que faziam esportes individuais. E o mais importante para mim: observei que poderíamos praticar esportes individuais com nosso filho pelo resto da vida. E foi exatamente o que aconteceu.

Criar confiança. Pela minha observação, as pessoas que aproveitam a vida ao máximo são as mais confiantes. A pergunta é: como ganhar essa confiança? Descobri que nascemos com ela ou a desenvolvemos. E como não queremos supor que nosso filho nasceu com ela, trabalhamos para ajudá-lo a desenvolver essa confiança. Nós escolhemos ajudá-lo a ser bom em algo, e certamente isso deu mais confiança a ele. Essa confiança, depois, se acumulou. Trabalhamos justamente para obter essa reação em cadeia da construção da confiança que gera mais confiança, e acreditamos que nenhuma conquista era pequena o bastante para ser ignorada.

HISTÓRIA DE SUCESSO NA CRIAÇÃO DOS FILHOS

Direcione seus filhos. Muitos pais dizem: "Não quero influenciar meu filho. Quero que ele tome as próprias decisões." Mas se você perguntar: "Por que o filho do Bob Dylan é músico? Por que o filho do tom Hanks é ator?" — eles tomaram essas decisões muito provavelmente porque os pais os levaram ao mundo deles e os ajudaram a se apaixonar pela profissão. Quero ter um relacionamento com meu filho que dure para sempre. Não sei como isso vai acontecer, mas quero criar uma compreensão sobre o mundo dos negócios ou uma afinidade em relação a isso para nos dar uma chance de trabalhar juntos em uma empreitada algum dia. Eu o apresentei a livros como *Pai rico, pai pobre* na infância e meu filho acabou tomando a decisão de ser empresário.

CONSIDERAÇÕES FINAIS

Permita-se vivenciar a alegria. As crianças fazem isso de modo natural, e esse foi um dos maiores presentes que ganhei sendo pai. Elas se comportam naturalmente com alegria e a encontram no que é mais simples. À medida que envelhecemos, a vida, de alguma forma, conspira para tirar um pouco dessa alegria. Aprendi que não há nada errado em ser feliz, e encontrar a alegria em tudo o que fazemos é importante. Isso nem sempre é fácil, mas descobri que ela está, sim, presente. Pode ser grande ou ínfima, mas está lá. Saber que ela existe e encontrá-la é uma das grandes lições que aprendi sendo pai.

PERFIL DE CRIAÇÃO DE FILHOS

Honorée Corder

Honorée Corder é a autora de 19 livros de sucesso, incluindo a série *The Successful Single Mom* [A mãe solo bem-sucedida].

Honorée tem uma filha de 16 anos, que criou sozinha por sete anos até se casar novamente.

FILOSOFIA PARA CRIAÇÃO DE FILHOS

Os filhos vivem uma jornada própria. Acredito que meu trabalho como mãe seja oferecer amor e apoio incondicionais para minha filha. Além disso, dou espaço para que ela encontre o próprio caminho e cometa os próprios erros. Estou presente para ouvi-la, oferecendo conselhos e ajuda. Por mais que você queira algo específico para seus filhos ou que eles escolham determinado caminho, no fim das contas, nosso trabalho como pais e mães é dar a eles as ferramentas, habilidades e a capacidade de resolver problemas de que vão precisar por toda a vida adulta.

Como *O Milagre da Manhã* afetou sua capacidade de criar os filhos?

Tenho algumas afirmações a respeito de como eu sou como mulher e o exemplo que dou para minha filha como esposa, empresária, amiga e, claro, mãe. Eu visualizo nossas interações diárias como gentis e carinhosas, com paciência máxima da minha parte. Os Salvadores de Vida prepararam o terreno para a felicidade pessoal e profissional extrema, permitindo estar no meu melhor na maior parte do tempo. As práticas diárias definem o cenário para que todo dia seja mágico e milagroso. Quando você tem vários dias assim seguidos, a vida (e, consequentemente, a capacidade de criar os filhos) também passa a ser mágica e milagrosa.

MELHORES DICAS PARA CRIAR OS FILHOS (SOZINHO(A))

A criação dos filhos afetou minha vida de todas as formas! Desde a linguagem (o que eu digo ou não) até minha agenda (quando vou dormir para poder conviver mais com minha filha antes da escola).

Não parece que eles estão ouvindo e observando, mas é o que acontece. Não posso ser a única mãe que acredita estar falando com as paredes! Mas, à medida que minha filha cresce, posso ver os resultados da (nem sempre) ótima criação. Ela é muito bem-educada, pois isso era incrivelmente importante para mim. Eu queria uma criança que as outras pessoas adorassem ter por perto, que fosse respeitosa e alegre. Devo ter falado "Diga por favor!" e "Diga obrigada!" um zilhão de vezes até sentir que ela aprendeu, mas hoje ela é incrivelmente educada e solícita. Contudo, sei que isso aconteceu porque eu sou educada e solícita, não porque disse a ela para ser assim e agi de outra forma. Os filhos vão fazer o que você faz, não o que você diz (especialmente se ambos forem incongruentes.)

Um pai ou mãe incrível basta. Os pais ou mães que criam filhos sozinhos tendem a se criticar muito, e uma preocupação que tive e ouvi muitas vezes de outras pessoas é que ser pai ou mãe solo é a receita para o desastre na vida dos filhos. Discordo veementemente: acredito que um pai ou mãe incrível pode e vai criar filhos incríveis que podem afetar o mundo de formas incontáveis e positivas, ainda mais se for consciente e tiver a preocupação de se envolver no desenvolvimento pessoal.

Praticar o autocuidado extremo. Os Salvadores de Vida são importantes, especialmente para pais e mães solo, porque mostram a eles que o autocuidado também é importante. Um pai ou mãe que se sacrifica pelos filhos apenas vive para ver essa atitude sair pela culatra. Cuidar muito bem de si mesmo vai mostrar aos seus filhos que essa não é uma preocupação negociável, e saúde, felicidade e bem-estar como um todo são amplamente influenciados pela forma que você se cuida!

Concentrar-se no que realmente importa. Considerando a escolha entre esvaziar a lava-louças, lavar a roupa e passar um tempo conversando, brincando ou lendo para seus filhos, bem, as tarefas domésticas podem esperar! Embora as crianças não se lembrem dos armários ou do chão da cozinha limpíssimos, elas vão se lembrar de quando você as olhou nos olhos e perguntou como foi seu dia ou quando intencionalmente saiu do celular para fazer carinho e assistir a um filme junto com elas.

CONSIDERAÇÕES FINAIS

Recomendo a todas as mães, casadas ou não, que deem a si mesmas e às pessoas que amam o presente dos Salvadores de Vida. Não há lado negativo nisso, apenas uma vida incrível a sua espera quando você descobrir e se transformar em tudo o que pode ser com *O Milagre da Manhã*.

Capítulo 5

SEGUNDO PRINCÍPIO NADA ÓBVIO PARA A CRIAÇÃO DE FILHOS:

Engenharia de energia

Eu não sei o que é mais exaustivo em relação a criar filhos: acordar cedo ou agir como se soubesse o que está fazendo

— Jim Gaffigan, comediante de stand-up
e autor de *Dad Is Fat* [O papai é gordo]

Quando tudo vai bem, criar filhos é maravilhoso. Você se diverte, sente o vínculo com as crianças, todo mundo se dá bem, você tem esperança e sente que pode conquistar o mundo.

O problema é que nem tudo cabe a você. Em alguns dias, e eu sei que não fui a única a viver isso, você acorda e não tem a motivação ou disposição necessária para lidar com os desafios que virão pela frente. Criar filhos pode ser exaustivo, tanto em termos físicos quanto mentais, e isso nos dias bons. Às vezes, criar filhos envolve incertezas, rejeições, recusas e decepções. Os dias bons exigem disposição, entusiasmo e persistência. Os dias difíceis exigem tudo isso e muito mais.

Criar filhos exige abundância de energia. Não há outro jeito. Você pode ter os melhores filhos, um(a) parceiro(a) incrível e o melhor plano de ação para o dia, mas se não tiver *disposição* para aproveitar tudo isso, pode se preparar porque algo vai dar errado. Se você quiser aumentar o tempo que passa com seus filhos, precisa ter disposição. Quanto mais, melhor, e quanto mais *consistente*, melhor.

- A disposição ajuda você a estar presente para os seus filhos todos os dias.
- A disposição é contagiosa e se espalha de você para sua família como um vírus do bem, criando sintomas de entusiasmo e respostas positivas em todas as partes.
- A disposição é a base de tudo.
- A disposição determina o sucesso que atraímos.

A pergunta, então, é: como gerar e manter um alto nível de disposição sustentável que sempre está disponível quando você precisar?

Quando estamos com dificuldades para ter disposição, tentamos compensar com açúcar, cafeína e outros estimulantes, mas eles costumam funcionar por algum tempo até não aguentarmos mais. Você já deve ter notado isso.

Se você estiver vivendo à base de café e determinação, nem começou a chegar perto do auge possível ao construir e usar a disposição que existe em você.

CICLOS DE ENERGIA NATURAL

O primeiro ponto a esclarecer sobre energia é que o objetivo não diz respeito a correr em velocidade máxima o tempo todo. Não é nada prático manter esse ritmo. Como seres humanos, temos altos e baixos naturais na motivação, e o mesmo acontece na criação dos filhos. Você pode estar cansado de manhã, mas as crianças estão com a corda toda, ou pode estar cheio de disposição à noite e seus filhos estão exaustos devido às atividades do dia. Além disso, nós temos padrões que surgem em momentos diferentes. Quando as aulas começam, as crianças podem ficar empolgadas ou assustadas — estados com alto nível de energia. Elas podem ter muitas tarefas de casa ou conflitos com outras crianças e podem ou não falar para você sobre isso. E quando chegam as férias de verão, você precisa do máximo de disposição possível.

Um fato importante que pais e mães costumam ignorar: assim como as plantas domésticas precisam de água, os seres humanos precisam de combustível. Você pode funcionar a todo o vapor por longos períodos de tempo, mas a mente, o corpo e o ânimo vão precisar de recarga. Pense na vida como um recipiente que guarda sua energia. Quando você não gerencia adequadamente esse recipiente, é como se houvesse um buraco no fundo. Não importa o quanto você despeje algo, ele nunca vai encher.

Em vez de se permitir chegar ao ponto da sobrecarga, esgotamento ou estresse, por que não ter uma atitude proativa em relação ao seu nível de energia e ter um sistema de recarga automática? Isso vai tapar os buracos em seu recipiente e enchê-lo com a energia de que você precisa.

Se você se resignou a estar cansado, ranzinza, atrasado com a lista de tarefas, fora de forma e infeliz, tenho uma ótima notícia.

Estar continuamente exausto é inaceitável. *Você não precisa se contentar com isso.* Existem algumas formas simples de obter o que você precisa e deseja: mais descanso, tempo para reabastecer, paz interior e felicidade. É pedir muito? Sim. Impossível? De jeito nenhum.

Tudo é uma questão de fazer a engenharia estratégica da sua vida para obter a energia física, mental e emocional ótima e sustentável que beneficiará você e sua família. Esses são os três princípios que sigo para manter minhas reservas de energia em capacidade máxima e à disposição sempre que eu precisar.

1. DORMIR COM INTELIGÊNCIA

Dormir mais para conquistar mais. Esse pode ser o mantra menos intuitivo que você já ouviu na vida, mas é verdade. O corpo precisa de sono para funcionar adequadamente e se recuperar após um dia difícil. O sono também tem papel crucial para o sistema imunológico, metabolismo, memória, aprendizado e outras funções vitais. É o período em que o corpo faz a maior parte de seus processos de reparo, cura, repouso e crescimento.

Se você não dormir o suficiente, vai se desgastar aos poucos, diminuindo sua capacidade de enfrentar os desafios diários.

Dormir *versus* dormir o suficiente

E quanto é o suficiente? Existe uma grande diferença entre a quantidade de sono com a qual você sobrevive e a quantidade necessária para funcionar de modo mais eficiente. Pesquisadores da Universidade da Califórnia, em São Francisco, descobriram que algumas pessoas têm um gene que lhes permite funcionar bem com seis horas de sono por dia. Esse gene, contudo, é muito raro, aparecendo em menos de 3% da população. Para os outros 97%, seis horas não chega nem perto de dar conta da necessidade. Só porque você consegue funcionar com cinco a seis horas de sono não significa que você não se sentiria melhor e renderia mais se passasse uma ou duas horinhas a mais na cama.

Isso não parece lógico. Quase posso ouvir você pensando *passar mais tempo na cama e render mais? Como isso funciona?* Mas está bem documentado: dormir o suficiente permite que o corpo tenha um desempenho mais alto. Você não só vai trabalhar melhor e mais rápido como sua atitude vai melhorar.

A quantidade de repouso de que cada indivíduo precisa é diferente, mas pesquisas mostram que, em média, o adulto precisa de aproximadamente sete a oito horas de sono a fim de restaurar a energia necessária para lidar com as demandas diárias. As crianças precisam descansar por mais tempo que os adultos, recém-nascidos necessitam de até 16 horas de sono por dia e adolescentes precisam de oito a nove horas de sono.

A melhor forma de descobrir se as suas necessidades de sono estão sendo atendidas é avaliar como você se sente ao longo do dia. Se estiver dormindo um número suficiente de horas, vai sentir disposição e ficar alerta o dia inteiro, desde o momento em que acorda até a hora de dormir. Se não for o caso, você vai correr para o açúcar ou para a cafeína no meio da manhã, no meio da tarde ou ambos.

Se você for igual à maioria das pessoas, terá dificuldade para se concentrar, pensar com clareza e se lembrar de fatos quando não descansa o suficiente. É possível notar a ineficácia em casa ou no trabalho e até colocar a culpa desses equívocos na agenda ocupada. Quanto mais sono você perde, mais pronunciados ficam os sintomas.

Além disso, a falta de repouso e relaxamento pode afetar o humor. Não há lugar para irritação na criação dos filhos! Não despreze a importância do sono, mesmo que possa ser mais difícil conseguir uma noite de sono sem interrupções agora que você tem filhos. Perder uma boa noite de sono afeta a personalidade, deixando o indivíduo mais ranzinza, menos paciente e mais propenso a descontar a raiva em alguém. Perder o repouso crucial e necessário faz com que você seja um fardo, o que não é divertido para ninguém, incluindo você mesmo.

Ao dormir o suficiente, o corpo funciona como deveria, você age de forma agradável com as pessoas e o sistema imunológico se fortalece. Assim, você consegue fazer escolhas melhores para seus filhos e criar uma família mais forte. Pense no sono como o período em que você acende uma luz interior. Quando você acordar descansado e de ótimo humor graças aos Salvadores de Vida, vai conseguir enfrentar os desafios do dia com uma atitude positiva e reagir de modo criativo.

Os verdadeiros benefícios do sono

Você pode não perceber como o sono é poderoso. Enquanto sonha, seu corpo passa por processos que consolidam as memórias para serem lembradas do modo mais adequado, ajudam na recuperação de exercícios físicos e lesões, reduzem o estresse e melhoram o tempo de reação no trânsito.

2. DESCANSAR A MENTE

A contraparte consciente do sono é o *descanso*. Embora algumas pessoas usem os dois termos como se fossem equivalentes, eles são bem diferentes.

Você pode dormir durante oito horas, mas se estiver ocupado no restante do dia, não terá tempo para pensar ou recarregar a bateria. Quando você trabalha o dia inteiro e corre de uma atividade a outra com os filhos depois do expediente, terminando com um jantar rápido e dormindo tarde, não permite a si mesmo um período de descanso.

Da mesma forma, passar os fins de semana levando os filhos ao futebol, vôlei ou basquete e depois saindo para ver um jogo de futebol, ir à igreja, cantar no coral, ir a várias festas de aniversário etc. pode fazer mais mal do que bem. Embora cada uma dessas atividades seja ótima em termos individuais, ter uma agenda lotada não te dá tempo para recarregar.

E se, em vez de estar constantemente ocupado, você valorizasse um período intencional de quietude em um espaço sagrado e em silêncio? Como isso poderia melhorar sua vida, sua capacidade de criar os filhos e de ter sucesso na vida familiar?

Pode parecer absurdo tirar um tempo de folga quando sua lista de tarefas a cumprir está imensa, mas a verdade é que descansar mais é um pré-requisito para ter dias verdadeiramente produtivos.

Pesquisas mostram que o descanso acaba com o estresse. Práticas como ioga e meditação também diminuem a frequência cardíaca, a pressão sanguínea e o consumo de oxigênio. Desacelerar e relaxar significa realmente ouvir a sabedoria, o conhecimento e a voz interiores para seguir sua intuição materna ou paterna.

E, sim, caso você esteja se perguntando, você será mais produtivo, mais legal com os amigos e os parentes (além do cônjuge ou parceiro) e muito mais feliz como um todo. Descansar é como deixar a terra em repouso em vez de plantar e colher o tempo todo. A bateria pessoal precisa ser recarregada, e o melhor jeito de fazer isso é simplesmente descansando.

Jeitos fáceis de descansar

A maioria de nós confunde descanso com recreação. Para descansar, fazemos atividades como trilhas, jardinagem, exercícios físicos ou nos divertimos em festas. Qualquer uma dessas atividades só pode ser considerada descanso por serem folgas da realidade diária, mas na verdade elas não podem ser definidas dessa forma.

O descanso é uma espécie de sono desperto que você vive enquanto está alerta e consciente. Ele é a ponte essencial para o sono, e ambos são conquistados da mesma maneira: abrindo espaço e permitindo que aconteçam. Todo organismo vivo precisa de descanso, incluindo você. Quando não reservamos tempo para descansar, o corpo acaba pagando um preço.

- Se você reservar cinco minutos de manhã durante os Salvadores de Vida para meditar ou ficar em silêncio, é um ótimo começo.
- Você pode reservar um dia da semana para descansar. Nesse dia de folga, leia, veja um filme, faça algo tranquilo com a família ou até passe um tempo sozinho. Experimente preparar uma refeição em casa, brincar com os filhos e apreciar a companhia um do outro.
- Quando estiver dirigindo, fique em silêncio: desligue o rádio e fique longe do celular.
- Dar uma volta sem os fones de ouvido. Até uma breve caminhada ao ar livre sem intenção ou objetivo de queimar calorias pode funcionar.
- Desligar a televisão ou outros dispositivos em prol do tempo para o silêncio.
- Passar um tempo caminhando ou escrevendo e tomar um banho quente, tudo com atenção plena.
- Fazer um retiro. Pode ser com seu parceiro, um grupo de amigos, o pessoal da igreja ou qualquer comunidade da qual você faça parte — ou sozinho.

Até mesmo tirar uma soneca é uma maneira poderosa de descansar e recarregar. Se eu estiver me sentindo esgotada durante o dia e ainda tiver muitas horas pela frente, não hesito em apertar o botão de reset com uma soneca de trinta a 45 minutos.

É bom definir um período específico para o descanso. Deixe os limites bem nítidos para que possa aproveitá-lo sem interrupções.

O hábito de descansar

O descanso certamente é algo que não foi ensinado na escola e talvez não seja natural no começo. Você pode descobrir que precisa aprendê-lo e transformá-lo em hábito. A Ioga Nidra e outras práticas restauradoras ajudam a se conectar consigo mesmo para relaxar profundamente.

Aprender várias práticas contemplativas e trazê-las para a vida diária é uma forma eficaz de descansar profundamente o corpo, a mente e o espírito. Pense no quanto você e sua família vão se beneficiar se você reservar um tempo para cuidar de si mesmo.

3. COMER E BEBER PARA OBTER ENERGIA

Um pai ou mãe com pouca energia funciona muito abaixo do que poderia, e quando se trata de disposição, a comida pode ter o papel mais crucial de todos. Se você for como a maioria das pessoas, então baseia suas escolhas alimentares primeiro no sabor e depois nas consequências (se é que você pensa nelas). Mas os alimentos que nos deixam felizes nem sempre dão o máximo de energia de que precisamos.

Não há nada errado em consumir alimentos gostosos, mas se você quiser ser realmente saudável e ter disposição para ser um pai ou mãe eficaz, é preciso *colocar mais valor nas consequências energéticas dos alimentos que você come do que no sabor.* A digestão é um dos processos que mais sugam energia do seu corpo (pense no cansaço após uma grande refeição, como a ceia de Natal.) Portanto, comer alimentos vivos que dão mais energia ao corpo do que exigem para digerir é o segredo para manter níveis extraordinários de energia *o dia inteiro.*

Os pães, carnes cozidas, laticínios e alimentos processados exigem muita energia para serem digeridos e dão pouca energia ao corpo, deixando você com um déficit energético. Por outro lado, alimentos como frutas cruas, vegetais, castanhas e sementes costumam dar mais energia do que tiram, fornecendo um suprimento extra de energia para ajudar você a funcionar em seu melhor.

Eu mudei a visão que tinha sobre os alimentos, que deixaram de ser recompensas, guloseimas ou conforto e se tornaram combustível. Quero consumir alimentos deliciosos e saudáveis que aumentem minha disposição e me permitam seguir em frente pelo tempo que preciso.

Não me entenda mal. Ainda gosto de certos alimentos que não são os mais saudáveis, mas estrategicamente os reservo para momentos em que não preciso manter o nível máximo de energia, como à noite e nos fins de semana.

O jeito mais fácil de tomar decisões melhores sobre alimentação foi prestar atenção em como me sentia uma hora depois de consumir determinados alimentos. Passei a configurar um timer para sessenta minutos após o fim de cada refeição. Quando o timer apitava, eu avaliava meu nível de disposição. Não levou muito tempo para reconhecer os alimentos que me davam mais ganho de energia e os que não davam energia alguma. Posso identificar a diferença em minha disposição quando como sushi ou uma salada e nos dias em que cedo aos meus desejos e como um sanduíche de frango ou um pedaço daquela pizza deliciosa. Descobri que incorporar o máximo possível dos alimentos certos muitas vezes me impede de beliscar alimentos poucos saudáveis. Além disso, preparar o lanche dos meus filhos para a escola (ou fazer com que eles preparem) e ter sempre lanches saudáveis disponíveis no carro impede que precisemos fazer várias paradas para comer alimentos menos saudáveis. Isso pode exigir mais esforço, mas o resultado vale a pena. Feito do jeito certo, não só é mais saudável como pode ser mais econômico do que comer fora.

A ideia é comer o que você precisa para reabastecer e recarregar o corpo e fornecer exatamente o necessário para gerar um nível de energia sustentável. Como seria dar ao corpo o que ele precisa para trabalhar e se divertir pelo tempo que você quisesse? Como seria dar a si mesmo exatamente o que merece? Dê a si mesmo o presente da saúde excelente, tendo consciência do que você come e bebe.

Alimentar-se ao longo do dia quase como algo secundário e parar no drive-thru mais próximo quando está morrendo de fome pode economizar tempo e dinheiro em curto prazo, mas o efeito de uma alimentação de má qualidade ao longo do tempo e os problemas de saúde causados por ela são bem documentados. É hora de criar uma nova estratégia.

Pense um pouco nas seguintes perguntas:

- Posso analisar de modo consciente as consequências do que como em termos de saúde e de energia e valorizá-las mais do que o sabor dos alimentos?
- Posso levar uma garrafa d'água para me hidratar com intenção e propósito, evitando a desidratação?
- Posso planejar minhas refeições com antecedência, incluindo lanches saudáveis para combater os hábitos atuais que não me servem mais?

Sim, você pode fazer tudo isso e muito mais. Pense em como sua vida será muito melhor e quanta disposição você terá para sua família quando for intencional e consciente em relação aos seus hábitos alimentares. Fazer tudo isso de uma vez é assustador. Experimente adotar uma pequena mudança por mês. Quando perceber, você terá feito transformações imensas, um passo de cada vez.

- Você vai passar mais tempo pensando em comida de modo mais consciente (e apreciando de verdade o que come).
- Vai gastar menos dinheiro com comida.
- Vai mostrar aos seus filhos o que é se alimentar de modo saudável.
- Terá mais saúde e disposição.
- Bônus: você vai manter seu peso natural sem esforço.
- Melhor bônus de todos: você terá uma aparência ótima e vai se sentir melhor ainda.

Aliar exercícios físicos, meditação, descanso e decisões alimentares saudáveis dará um salto positivo a você no caminho de virar um pai ou mãe excepcional e um modelo de comportamento para seus filhos.

Sei o que você está pensando: "*Isso parece ótimo, mas como fazer meus filhos comerem alimentos saudáveis também?*" A filosofia da especialista em nutrição Ellyn Satter para alimentar crianças permite que elas explorem opções alimentares dentro de uma estrutura criada por você: "O pai ou mãe é responsável pelo *que*, *quando* e *onde*. A criança é responsável pelo *quanto* e *se* [vai comer ou não]." Achei essa estratégia muito útil. Deixa claro que nosso trabalho como pais e mães é fornecer a estrutura e as opções saudáveis, e por meio delas nós damos autonomia aos filhos para fazer as próprias escolhas e acreditamos que eles seguirão a habilidade inata de regular o consumo de alimentos.

Outra dica útil é fazer as crianças participarem do processo. Leve-as com você ao supermercado (ou, melhor ainda, à feira de alimentos orgânicos) e deixe que elas ajudem a escolher os alimentos a serem preparados. Mostre de onde vem a comida que seus filhos comem para que criem um vínculo com ela. Plante uma horta no jardim ou experimente plantar vasinhos com ervas e vegetais que você pode usar para cozinhar. É fácil obter alguns alimentos em poucos dias, e também é possível comprar kits práticos pela internet. Leve as crianças para visitar uma fazenda, ver os animais e entender como a agricultura é vital para a saúde. Faça-os ajudar a preparar as refeições. Meu filho é o *sous chef* da casa e tem orgulho de cortar os vegetais para o jantar. E não se esqueça de se divertir. Por exemplo, faça vitaminas roxas, misturando espinafre com morangos e mirtilo, para comer de sobremesa em vez de sorvete. Quanto mais você envolver as crianças no processo, maior será a adesão delas.

Não se esqueça de se hidratar ao longo do dia. Como parte do *Milagre da Manhã*, você tomou o primeiro copo d'água no início do dia. Recomendo incluir um copo em cada refeição, para ficar mais fácil chegar à quantidade recomendada de oito a dez copos por dia. Bebemos água intencionalmente a cada três ou quatro horas durante o dia. Além disso, nossas refeições regulares são compostas por algum tipo de proteína e vegetais, e costumamos lanchar frutas frescas, vegetais, castanhas e sucos verdes. Tento planejar as melhores refeições para os dias em que precisamos de mais energia.

Acredito que comer bem na maior parte do tempo e fazer exercícios físicos nos dá a liberdade de comer o que quisermos à noite algumas vezes. Acredito que podemos comer o que quisermos, só não tanto quanto gostaríamos. Aprendi a provar de tudo e a comer apenas o suficiente para ficar satisfeita. Não é uma questão de se privar de alimentos que amamos, e sim de comer moderadamente e estar presente na alimentação, além de apreciar a energia que o alimento nos dará e honrar de onde ele veio. Quando escolhemos conscientemente o que vamos comer, é realmente uma questão de encontrar o que funciona para nós e está alinhado ao nosso corpo.

No fim das contas, é preciso lembrar que comida é combustível. Ela serve para nos levar do início ao fim do dia, com muita disposição e nos sentindo bem. A comida pode ser usada a seu favor para dar a energia infinita de que você precisa para ser o pai ou mãe extraordinário que deseja ser.

TREINO, TREINO E MAIS TREINO

Lembre-se: ao adotar essas três práticas de comer, dormir e descansar melhor, você pode achá-las desconfortáveis no começo. Parece que você está pilotando um jato a dez mil metros de altura: a descida sempre é um pouco turbulenta.

A experiência do seu corpo e mente pode ser parecida, e talvez você encontre um pouco de turbulência emocional. Alguns acham tudo tão desconfortável que fogem e voltam à rotina normal. Resista à vontade de fugir do desconforto.

Quanto mais você integrar períodos de descanso e silêncio ao dia a dia, melhor será o resultado. Nos momentos mais tranquilos, talvez você não precise de tanto descanso, mas os períodos de intensidade (como reuniões familiares, festas de fim de ano ou dias movimentados no trabalho) podem exigir mais descanso e silêncio que o usual. Não parece intuitivo, mas o mestre da meditação Mahatma Gandhi define: “Tenho muito a fazer hoje, então preciso meditar por duas horas em vez de uma.”

CONSIDERAÇÕES FINAIS SOBRE A ENGENHARIA DE ENERGIA

Como pai ou mãe, você está sempre nas trincheiras. É preciso agendar um tempo para descansar, recarregar, ficar em silêncio e cuidar de si do mesmo jeito que agenda os outros compromissos da vida. A disposição que você conseguir vai recompensá-lo muito mais.

Portanto, lembre-se do que discutimos neste capítulo para aumentar o nível de energia e cuidar melhor da saúde:

Primeiro passo: priorizar o sono ao escolher um horário diário consistente para começá-lo e terminá-lo, tanto para você quanto para seus filhos. Escolha um horário consistente para acordar e fazer seu *Milagre da Manhã* além do horário de dormir para garantir o descanso adequado. Mantenha essa rotina específica por algumas semanas (incluindo sábados e domingos) para que o corpo entre no ritmo. Após algumas semanas, aproveite e varie a quantidade de horas reservadas para o sono a fim de otimizar o nível de energia. (Experimente meditar na hora de dormir se tiver dificuldade para pegar no sono quando deita na cama.)

Segundo passo: incorporar tempo na agenda diária para descansar e recarregar. Por exemplo, Hal tira duas horas de almoço por dia, garantindo o tempo para jogar basquete, atividade que ele adora fazer e que renova suas energias. Quais atividades você pode acrescentar ao dia que farão o mesmo por você? Além da rotina de *O Milagre da Manhã*, agende períodos diários e regulares para descansar e recarregar as baterias. Eu marco uma massagem a cada duas semanas, pois isso recarrega totalmente as minhas energias.

Terceiro passo: planejar períodos mais longos de tempo para relaxar, como uma noite de namoro semanal, uma escapadinha de fim de semana a cada três meses ou férias anuais. Muitos de nós temos ciclos nos calendários da família e do trabalho e devemos planejar os períodos de relaxamento de acordo com eles. Agende pelo menos algumas semanas de férias ao longo do ano e uma vez a cada trimestre, se for possível. Agende (e pague) tudo com antecedência, para que você realmente tire as férias.

Quarto passo: comprometer-se a comer para obter energia. Incorpore uma nova refeição saudável a sua dieta todos os dias. Se você já faz uma refeição saudável, acrescente mais uma ou inclua lanches saudáveis. E lembre-se de carregar uma garrafa cheia de água com você o tempo todo para se hidratar. Eu deixo uma garrafa perto de mim na cama e outra no carro.

Passo avançado: encontrar um jeito de combinar várias práticas. Planeje uma trilha com amigos ou parentes ou agende uma noite do namoro enquanto prepara uma refeição saudável com seu cônjuge ou parceiro(a).

Agora que você obteve energia infinita, o que fazer com ela? A energia descontrolada pode ser tão nociva quanto a falta dela. Por isso, o próximo princípio, o Foco inabalável, é igualmente importante. Vou explicar melhor no próximo capítulo.

PERFIL DE CRIAÇÃO DE FILHOS

Rock Thomas

Rock é escritor e empreendedor de sucesso, além de palestrante motivacional e coach muito requisitado. O livro dele se chama *The Power of Your Identity* [O poder da sua identidade].

Rock é pai de três filhos: um rapaz de 24 anos e duas moças de 22 e 21 anos.

FILOSOFIA PARA CRIAÇÃO DE FILHOS

Vindo de um ambiente sem muito estímulo, tento dar o máximo de apoio que posso à minha prole. Afinal, os filhos sempre querem que o pai e a mãe tenham orgulho deles. Tente observar o que os seus estão fazendo, aplaudi-los e reconhecer o esforço deles. Vivemos com quatro medos básicos: não ser suficiente, não merecer, não ser importante e não poder fazer algo. Dizer a uma pessoa: "Você cortou as cenouras errado", "Como assim você não tem um emprego melhor?" ou "Você precisa economizar" alimenta esses medos.

Como pai ou mãe, seu trabalho é manter seus filhos em segurança. Eu tento fazer isso com os meus. Também procuro reconhecer seus esforços e declarar meu orgulho, além de fazer atividades com eles e surpreendê-los. Também levo minhas filhas para passear. Tento ser um porto seguro e sempre dizer que estão indo muito bem. Eles vão aprender lições difíceis ao longo da vida, portanto não preciso corrigi-los o tempo todo.

Como é a sua rotina matinal?

O ritual matinal é minha arma secreta há vários anos. Tive a sorte de estar cercado por pessoas de sucesso que faziam o mesmo. A primeira atividade consiste em tirar as teias de aranha quando acordo, então quase sempre movimento o corpo. Muitas vezes faço cem flexões, mas não seguidas. Entre as séries de exercícios, preencho minha mente com pensamentos novos e inspiradores. Eu amo escrever diários, então anoto os motivos da minha gratidão e a sinto: não fazê-lo é um erro cometido por algumas pessoas. É preciso usar a emoção. Você precisa entrar em contato com esses sentimentos de modo consciente.

Você é do tipo que age ou reage?

Em outras palavras, você sabe o papel que vai fazer em sua vida ou apenas reage e joga na defesa o tempo todo? Ao escolher um ritual matinal, você se transforma no protagonista do dia. Quando seus filhos virem esse ritual, vão acabar imitando. Afinal, eles sempre fazem o que você faz em vez do que você diz.

MELHORES DICAS PARA CRIAR OS FILHOS

Ensinar as crianças a aprender. Eu estudo crescimento interpessoal desde muito jovem, por isso incentivei meus filhos a ler livros, aprender a digitar com rapidez e fazer atividades diferentes. Um ótimo livro que encontrei foi *Cheaper by the Dozen* [Por dúzia é mais barato], de Frank Bunker Gilbreth Jr. e Ernestine Gilbreth Carey, que fala de uma família com 12 filhos cujo pai os fazia ouvir gravações com novos idiomas enquanto escovavam os dentes. Eles sempre estavam aprendendo algo, e tentei fazer o mesmo com meus filhos. Se você tem facilidade para aprender, terá uma vantagem sobre os outros. Portanto, aprender a aprender é muito importante.

Respeitar a mãe dos seus filhos. Para mim, respeito e confiança são os dois pilares mais importantes em um relacionamento. Por isso, é bom que o casal se valorize e faça isso em público. Sempre diga aos seus filhos como a mãe deles é maravilhosa. Existem características que obviamente você pode não gostar tanto, mas é uma questão de se concentrar nas qualidades um do outro. Acho que isso faz a diferença em termos de ensinar-lhes respeito.

Ensinar os filhos a respeitar os outros. É uma sensação boa quando você tem uma conexão com outro ser humano. O oposto disso significa julgamento, desrespeito e maus tratos, algo que apenas mostra os seus problemas. Portanto, ensine aos seus filhos que, mesmo tendo valores diferentes, eles podem tentar entender em vez de julgar as outras pessoas.

Não dar conselhos, a menos que eles peçam. Se eles chegarem para mim e disserem: "O que você acha disso? E daquilo?" Eu vou responder: "Sabe, eu adoraria dar minha opinião. Você gostaria de ouvir?" Quase peço permissão para dar conselhos aos meus filhos. Além disso, sempre digo: "Você está fazendo um ótimo trabalho."

Lembrar-se de que seus filhos recebem as mensagens que você envia. Dizem que até os 7 anos você é basicamente uma câmera de vídeo e grava tudo o que aparece pela frente. Se você vê seus pais brigando o tempo todo por causa das finanças, pode associar o dinheiro a dor ou mágoa, em um mecanismo de proteção feito pelo cérebro. Depois, já adulto, você não entende por que sempre distribui, perde, aposta ou faz um investimento ruim quando tem algum ganho extra. É apenas o seu cérebro dizendo para repelir o dinheiro.

Dar educação financeira. Uma vez por mês, minha família se reúne para o que chamamos de "legado Thomas". Eu ensino a eles os sete níveis de domínio da riqueza e falo sobre todo o processo, desde fazer um orçamento até ensinar a gerenciar, poupar, simplificar a vida, investir etc. O objetivo é que eles tenham uma boa noção e não esperem até os quarenta anos com dois filhos para pensar: *"Ai, meu Deus, não tenho seguro de vida"*.

Criar vínculos entre seus filhos. Como sou o caçula de seis irmãos e me sentia muito sozinho na infância, jamais tolerei isso com os meus filhos. É engraçado que as pessoas dizem: "Nunca vi crianças tão carinhosas". Eles demonstram afeto fisicamente e nunca se criticam na frente dos outros. Estão na casa dos vinte anos e sempre se apoiam. O trabalho dos pais é criar esse porto seguro para os filhos, e os meus também são o porto seguro uns dos outros.

Quando estiverem mais velhos, dê um emprego a eles. Dois dos meus filhos trabalham comigo (e escolheram isso). É ótimo poder conviver com eles no ambiente profissional, vê-los crescer, contribuir, ouvir os outros dizendo o quanto eles estão progredindo e dar a minha pequena contribuição para suas habilidades de liderança. Para mim, isso é um avanço para a nossa família.

CONSIDERAÇÕES FINAIS

Como pai ou mãe, você pode dizer: "Existem partes de mim que funcionam muito bem e outras que não funcionam. Pegue o que é bom e deixe ainda melhor." Assim, seus filhos poderão fazer o mesmo e levar a raça humana adiante. Nossos filhos têm a obrigação de pegar o bastão e fazer uma corrida melhor. Além disso, a responsabilidade dos pais e mães não acaba quando os filhos fazem 18 anos. O trabalho feito em nós hoje gera dividendos para a família ao longo da vida. Sempre tento ser uma pessoa melhor para que os meus filhos tenham uma vida mais feliz e realizada.

PERFIL DE CRIAÇÃO DE FILHOS

Marci Lock

Marci é conhecida no mundo inteiro como Ultimate Life Catalyst [Melhor catalisadora de vida], além de ser mentora de influenciadores globais, agentes de mudança e líderes altamente produtivos para ajudá-los a viver com intensidade em todos os aspectos. Ela também transforma milhares de vidas com o movimento Average to Awesomeness [De regular a maravilhoso] e os programas Mind Body Breakthrough [Avanço do corpo e da mente], entre outros.

Marci cria sozinha os dois filhos, de 10 e 13 anos.

FILOSOFIA PARA CRIAÇÃO DE FILHOS

Você não recebe o que merece, e sim o que se compromete a fazer. Os resultados não mentem. Ao ver os próprios resultados na vida, é possível saber com o que nos comprometemos. Se você está lidando com um corpo acima do peso, está frustrado e não tem disposição para brincar com os filhos, esse é o seu compromisso. Se agir da mesma forma nas relações familiares, sem viver com paixão ou propósito, e tolerar, aceitar ou se sacrificar na situação atual em que vive, esse é o seu compromisso.

MELHORES DICAS PARA CRIAR OS FILHOS

Procurar a diversão. Uma pergunta que sempre faço é: como isso pode ser fácil e divertido? Quando estamos em alinhamento divino, a sensação é boa. Se a sensação for ruim, provavelmente algo está desalinhado. O sol não tem dificuldade para brilhar todo dia, os pássaros não têm dificuldade para voar, a grama não tem dificuldade para crescer e você não tem dificuldade para respirar: estamos criando sem esforço. Nós sabíamos de tudo isso na infância, mas fomos treinados para nos livrar dessa ideia, esquecendo a importância da diversão e como ela ajuda a descobrir o que você realmente quer e o que causa a sensação de bem-estar. Por isso, meus filhos e eu sempre tentamos deixar tudo fácil e divertido.

Refazer a pergunta. Outra pergunta que gosto de fazer é: o que você deseja criar? Eles podem reclamar comigo sobre algo e eu respondo: "Eu sei que você está chateado. O que você deseja criar? Como você pode criar isso de modo fácil e divertido?" Sempre queremos voltar ao sentimento de leveza e alegria. Se não houver leveza e alegria, sabemos que ainda há algo a ser resolvido internamente.

Ver os filhos como professores. Meus filhos são dois parceiros de crescimento incríveis. Quando tomei consciência dos gatilhos despertados por eles, encontrei um jeito de mudar isso ao perguntar: o que está acontecendo dentro de mim? Sinto que não sou ouvida ou me senti desrespeitada, e isso está ligado ao passado, à garotinha que não conseguia falar ou era sempre interrompida. Essas pequenas atitudes são gatilhos, mas podemos ter consciência delas, e é assim que crescemos. Quando você questiona como se identifica e o que está acontecendo internamente, os relacionamentos ficam melhores. Quando comecei a ver meus filhos como parceiros de crescimento e entender que estávamos nessa jornada juntos, a criação deles virou uma experiência totalmente nova, com direito a conversas autênticas e conscientes.

Manter a perspectiva positiva. Eu me lembro de estar com meu filho em uma das nossas noites de convivência. Estávamos rindo e nos divertindo e ele disse: "Mãe, aquelas pessoas estão encarando a gente. Acho que estão nos julgando." Eu respondi: "É um pensamento interessante. E se você pensar que elas estão pensando que você é muito feliz e gostariam de ter essa felicidade?" Nós conversamos sobre mudar a percepção, estar presente e criar a própria felicidade.

Ter noites regulares de convivência com os filhos. Outra forma de diversão em família são as noites regulares de convivência. Tenho uma noite de convivência por semana com cada um dos meus filhos, e até uma noite de convivência comigo mesma. Isso contribuiu para aprofundar nosso vínculo e relacionamento. Basta reservar um tempo para se divertir, brincar e fazer o que eles quiserem.

Agir imediatamente. Eu me lembro de chegar a um ponto em que pensei: se eu quero ter um relacionamento incrível com meu filho, preciso mudar. Não quero ser uma dessas empreendedoras que dizem: "algum dia, quando minha empresa estiver estabelecida e eu tiver dinheiro, vamos tirar férias e nos divertir." O tempo para criar um vínculo com os filhos é agora. Comecei reservando o horário das três da tarde uma vez por semana, e agendando um bloco de duas horas para brincar. Depois, comecei a fazer isso algumas vezes por semana e, em pouco tempo, passamos a brincar todos os dias, às três da tarde. Construímos isso e criamos o estilo de vida que acontece quando você acredita que é digno e merecedor. Você cria o equilíbrio para si.

É possível criar a vida que se deseja. Um amigo meu costuma dizer: "Mostre-me a sua agenda e eu direi quais são as suas prioridades." É uma afirmação poderosa. Por isso, acredito que tudo na vida precisa ser incrível e maravilhoso. Diga a si mesmo: "Eu mereço relacionamentos incríveis. Como posso criá-los? Do que mais eu preciso abrir mão? Como eu consigo me honrar ou ser mais merecedor?" Crie a vida que deseja. Permita-se viver a vida que ama e crie o mesmo tipo de vida com seus filhos.

HISTÓRIA DE SUCESSO NA CRIAÇÃO DOS FILHOS

Eu ensino meus filhos a ver como eles podem fazer as pessoas felizes. Criamos atividades como a "Sacola de Columbia" (que tem esse nome porque fizemos pela primeira vez quando fomos a Columbia), onde colocamos muitos brinquedos e dinheiro para os sem-teto. Sempre que vamos a um restaurante ou loja, pegamos nossa sacola e encontramos crianças para doar os brinquedos e adesivos ou pessoas sem-teto para doar dinheiro, doces ou comida. Eles perguntam: "O que você está fazendo?", e nós respondemos: "É um presente", e eles ficam muito surpresos. Isso mostra o quanto o mundo está fechado para esse tipo de interação. São formas de mudar algo de negativo que tenha acontecido com as crianças na escola durante o dia. Nós viramos o jogo e depois eles se concentram em um novo comportamento. Isso não tem preço.

CONSIDERAÇÕES FINAIS

Um fato: 19 em cada vinte pessoas não conseguem obter o que desejam, e existe um grande motivo para isso. Elas não se permitem enxergar as possibilidades. É lindo quando alguém percebe que a vida pode ser incrível. *O Milagre da Manhã* mostra o que é possível viver com sua família ao mudar o jeito de agir. Ele oferece um sistema de aprendizado e cria um modelo para as pessoas. Estou feliz por fazer parte disso.

Capítulo 6

TERCEIRO PRINCÍPIO NADA ÓBVIO PARA A CRIAÇÃO DE FILHOS:

Foco Inabalável

Não basta ser esforçado; as formigas também são. Pelo que você se esforça?

— Henry David Thoreau, escritor, naturalista e transcendentalista norte-americano

Todo mundo conhece aquela pessoa. Você sabe, *aquela* pessoa. A que corre maratonas, treina o time de futebol infantil, faz trabalho voluntário na escola do filho e talvez escreva um romance nas horas vagas. E além de tudo isso? É uma mãe incrível, líder do comitê de pais e mestres, ganha prêmios todo ano e arrasa em tudo o que envolve a vida familiar.

Aposto que você conhece alguém assim, que parece incrivelmente e inexplicavelmente produtivo. O que você talvez não saiba é como ela consegue fazer tudo isso. Talvez você acredite que essa pessoa tem sorte, um dom. Pode também ter pensado que ela tinha os contatos certos, a personalidade certa ou que nasceu com superpoderes!

Embora tudo isso possa ajudar na criação dos filhos, eu sei por experiência própria que o verdadeiro superpoder de cada mãe ou pai incrivelmente produtivo é o *foco*.

O foco é a capacidade de manter a clareza em relação a suas maiores prioridades, além de pegar toda a energia que você aprendeu a gerar, canalizá-la para o que mais importa e mantê-la, independentemente do que aconteça ao redor ou de como você se sente. Essa capacidade é crucial para ser um pai ou mãe excepcional.

Quando você canalizar o poder do foco, não vai se transformar em super-humano, mas poderá conquistar resultados que pareçam super-humanos. E os motivos para isso são surpreendentemente fáceis de entender.

- **O foco deixa você mais eficaz.** Ser eficaz não significa fazer mais ou fazer tudo mais rapidamente. Significa fazer o *certo* e se envolver nas atividades que movem você na direção dos seus objetivos.
- **O foco deixa você mais eficiente.** Ser eficiente significa fazer tudo com o mínimo de recursos, como tempo, energia ou dinheiro. Sempre que a mente se afasta dos seus objetivos, você desperdiça tudo isso, principalmente tempo. Na criação dos filhos, o tempo é fundamental, então cada momento em que o foco se abala é um momento perdido.
- **O foco aumenta a produtividade.** Quando você se concentrar nas suas maiores prioridades e fizer as atividades certas do jeito correto, fará mais com menos esforço. Muitas vezes, confundimos estar ocupados e envolvidos em atividades que não geram resultados (como organizar a coleção de DVDs por ordem alfabética ou limpar a bagunça dos filhos quando eles podem muito bem fazer isso sozinhos) com sermos produtivos. Ao dar os passos que estamos prestes a explicar, você vai desenvolver o foco inabalável e se juntar ao grupo dos pais e mães produtivos do mundo.

Ao combinar esses benefícios, você vai conquistar *muito* mais. Contudo, talvez o maior valor do foco seja que, em vez de espalhar a energia por diversas áreas da vida e obter resultados medíocres, você vai liberar o potencial inexplorado e *também* melhorar sua vida.

Agora vamos convocar *O Milagre da Manhã* para essa tarefa. Aqui estão três passos para transformar a sua manhã em um período cheio de foco e produtividade.

PRIMEIRO PASSO: ENCONTRAR O(S) MELHOR(ES) AMBIENTE(S) PARA MANTER O FOCO

Vamos começar pelo seguinte: *você precisa de um ambiente que propicie o compromisso com o foco inabalável.* Pode ser um quarto vazio da casa ou o quintal. Não importa o quanto seja simples, você precisa de um lugar aonde ir para se concentrar.

Uma parte do motivo para isso envolve uma logística simples. Se os seus materiais estiverem espalhados entre o porta-malas do carro e o balcão da cozinha, você não conseguirá ser eficaz. O motivo maior, entretanto, é que ter um lugar onde você ganha foco ativa o hábito de se concentrar. Sente-se à mesma mesa para fazer um trabalho excelente no mesmo horário todos os dias e logo você vai se sentir mais concentrado só de estar naquela cadeira.

Temos um quarto em casa que dedicamos à prática do *Milagre da Manhã*. É o nosso santuário, e descobrimos que somos atraídos para lá durante a manhã para fazer a prática do *Milagre da Manhã*. Cada um de nós tem uma cadeira que adora usar para meditação e, antes de ir para a cama à noite, colocamos nossos diários, livros e outros recursos em locais de fácil acesso. Esse espaço também serve como local para parar e meditar, mesmo que seja apenas por alguns minutos a fim de retomar a clareza sobre o que é importante. Você nem precisa ter um quarto inteiro para isso. Uma cadeira específica no canto da sala de estar funciona da mesma forma.

SEGUNDO PASSO: LIVRAR-SE DA BAGUNÇA

A bagunça é a assassina do foco e a próxima parada nesta viagem. Eu sei o que você está pensando. Crianças fazem bagunça e não há o que fazer em relação a isso. Não é verdade! Em primeiro lugar, existem dois tipos de bagunça, a mental e a física, e todos nós temos ambas. Carregamos pensamentos na cabeça, como: "*O aniversário da minha irmã está chegando. Preciso comprar um presente e um cartão para ela." "Eu me diverti muito no jantar outro dia. Preciso mandar um cartão de agradecimento ao anfitrião." "Preciso responder o e-mail do novo cliente antes de sair do escritório hoje."*

E também acumulamos objetos físicos: brinquedos que nunca foram usados, objetos quebrados, pilhas de papéis, revistas velhas, anotações em post-its, roupas que nunca vestimos, a pilha de lixo na garagem, além de bugigangas, quinquilharias e objetos que juntamos ao longo da vida.

A bagunça de qualquer tipo cria o equivalente a uma névoa pesada: para ter foco, é preciso *ver*. Para limpar sua visão, você precisa tirar esses itens da cabeça e reuni-los para que possa aliviar o estresse mental de tentar se lembrar deles. Depois, você precisa tirar os itens físicos do caminho.

Aqui está um processo simples para ajudar você a limpar a neblina e criar a clareza de que precisa para se concentrar.

- **Criar uma grande lista de tarefas.** Você provavelmente tem muito a escrever, então comece por aí. Adicione o conteúdo de todos os post-its que bagunçam a mesa, tela de computador, agenda, balcão da cozinha, geladeira... Existem outros lugares? Coloque essas anotações e itens de ação em sua grande lista de tarefas e centralize-a em um só lugar, seja um diário físico ou uma lista no celular, para limpar seu armazém mental. Sentindo-se melhor? Continue; isso é só o começo.
- **Limpar o espaço de trabalho.** Reserve meio período (ou um dia inteiro) para olhar cada pilha de papel e arquivo cheio de documentos, bandeja com cartas fechadas... Você entendeu a ideia. Jogue fora ou rasgue o que não precisa mais, digitalize ou arquive o que for importante. Anote em seu diário o que precisa de atenção e não pode ser delegado, depois escolha um horário na agenda para terminar essas tarefas.
- **Organizar a vida.** Sempre que possível, limpe e arrume todas as gavetas, armários, gabinetes ou outros espaços que não deem uma ideia de calma e paz quando você os vir. Isso inclui o carro. Esse processo pode levar algumas horas ou dias. Reserve um breve período a cada dia até terminar. Dizer: "Só preciso de um fim de semana para organizar tudo" é a certeza de não começar nunca. Pegue uma gaveta e comece

por ela. Você vai ficar surpreso com o quanto esses pequenos períodos de trabalho se acumulam e dão resultado. Nós gastamos entre 15 e vinte minutos toda noite em família devolvendo tudo a seus lugares. Envolver as crianças ensina responsabilidade e fornece mais ajuda para acabar o trabalho mais rápido. Quanto mais divertido você conseguir deixar o processo, melhor! Leia o livro de S. J. Scott e Barrie Davenport *Organize em 10 minutos: o hábito sem estresse para simplificar sua casa* para mais sugestões.

Organizar-se em termos físicos e mentais vai permitir que você se concentre em um nível que nunca imaginou, além de também ser melhor para os seus filhos. Isso deixa a sua energia sem ter para onde ir, exceto para onde *importa.*

TERCEIRO PASSO: CONSTRUIR O FOCO INABALÁVEL

Quando identificar o seu lugar de foco e começar o processo de organizar a vida, você deverá sentir um aumento notável na concentração ao limpar a névoa em sua mente.

Agora é hora de levar tudo a outro patamar. Eu uso algumas perguntas para melhorar o foco.

- O que está funcionando? Eu deveria *continuar fazendo* (ou fazer mais)?
- O que eu preciso *começar a fazer* para acelerar meus resultados?
- O que eu preciso *parar de fazer* imediatamente, pois está me impedindo de avançar?

Se você responder a essas três perguntas e agir com base nos resultados, vai descobrir um nível de produtividade que provavelmente nunca imaginou ser possível. Vamos analisar cada uma das perguntas em detalhes.

O que está funcionando? Você deveria *continuar fazendo* (ou fazer mais)?

Vamos encarar os fatos: nem todas as táticas e estratégias para criar filhos são iguais. Algumas funcionam melhor que outras. Existem as que funcionam por um tempo e depois perdem a eficácia, enquanto outras até pioram a situação.

A esta altura, você provavelmente já está fazendo muitas atividades certas e vai acenar positivamente com a cabeça ao ler os próximos capítulos. Se você já sabe o que está fazendo para obter resultados positivos, anote. Talvez você já esteja procurando atividades educativas para seus filhos, por exemplo. Coloque isso na lista do que está funcionando. Talvez um grupo de pais esteja oferecendo dicas ótimas para criar os filhos. Acrescente isso à lista também.

Faça questão de escolher o que realmente contribui para aumentar o sucesso na criação dos filhos. É fácil manter o que você *gosta* de fazer, mas é preciso garantir que as atividades estejam diretamente relacionadas a criar filhos fortes e saudáveis, fortalecer a comunidade voltada para a criação dos filhos e a família, além de aumentar os bons momentos que vocês passam juntos. Por exemplo, muitos pais acreditam que deixar os filhos de castigo é uma boa forma de disciplina, mas estudos mostram que essa é uma tática ineficaz para mudar o comportamento a longo prazo. Uma ferramenta muito mais eficaz é quando o pai ou a mãe se senta com a criança para ajudá-la a se acalmar e redirecionar o comportamento dela.

No fim deste capítulo, você terá uma oportunidade de registrar em seu diário as atividades que estão dando certo. (Espero que fazer os Salvadores de Vida esteja entre elas). É preciso *continuar a fazer* o conteúdo desta lista até substituí-lo por algo ainda mais eficaz.

Em cada uma dessas atividades que precisam continuar a ser feitas, seja honesto em relação ao *que você precisa fazer mais* (em outras palavras, o que você não está fazendo suficientemente no momento). Se for algo que você deveria fazer, mas que não representa progresso em seus objetivos principais para a criação dos filhos, como organizar os suprimentos para os trabalhos de artes das crianças ou dobrar as roupas íntimas, a atividade não merece estar em sua lista. O objetivo aqui não é a perfeição. Trabalhar demais acaba sendo improdutivo e tira o foco do que realmente importa.

Continue fazendo o que está funcionando; dependendo do quanto você deseja conquistar, faça *ainda mais* essas atividades que têm bons resultados.

O que você precisa *começar* a fazer?

Depois de ter anotado o que está funcionando e determinado o que precisa fazer mais, é hora de decidir o que mais você pode fazer para acelerar o sucesso.

Tenho algumas sugestões excelentes para a criação de filhos para você poder começar com tudo:

- Preparar os lanches e mochilas da escola na noite anterior (se as crianças tiverem idade suficiente para isso, deixe essa etapa por conta delas).
- Planejar a noite de namoro com o cônjuge/parceiro(a).
- Fazer reuniões semanais de família.
- Agendar reuniões em dupla a cada trimestre (momentos individuais entre um dos pais e um dos filhos).
- Limpar todos os dias.
- Cozinhar juntos.
- Fazer trabalho voluntário na escola dos filhos ou reunir a família para ajudar em alguma organização de caridade local.
- Dar responsabilidades adequadas à idade dos filhos.
- Priorizar o jantar em família, desligando aparelhos eletrônicos e fazendo perguntas relevantes sobre o dia de todos.
- Planejar um cardápio semanal e fazer as compras em família.
- Planejar noites de jogos em família.

Não se sinta sobrecarregado. Lembre-se: Roma não foi construída em um dia. Não é preciso identificar 58 itens e colocá-los em prática amanhã. A vantagem de escrever diariamente em *O Milagre da Manhã* é que você pode registrar tudo o que deseja fazer. Depois, adicione uma ou duas atividades por vez a sua caixa de ferramentas para o sucesso até que elas virem hábitos. A melhora gradativa se acumula de um jeito mágico.

O que você precisa *parar* de fazer?

A esta altura, você provavelmente acrescentou alguns itens à lista de tarefas a fazer. Se estiver se perguntando de onde virá o tempo para isso, este pode ser o seu passo favorito de todos. É hora de abandonar o que não está dando certo para você e sua família e abrir espaço para o que funcione.

Você certamente realiza uma série de atividades diárias que sentirá alívio ao se livrar e gratidão por delegar a outra pessoa ou simplesmente deixar de fazer.

Por que não parar de:

- Ingerir alimentos pouco saudáveis que esgotam a energia, atrapalhando sua vida e motivação?
- Fazer tarefas domésticas desnecessárias?
- Responder mensagens de texto e e-mails imediatamente?
- Atender ao telefone? (Deixe cair na caixa postal e responda quando for melhor para você.)
- Ler e publicar em redes sociais?
- Assistir a várias horas de televisão por dia?
- Criticar-se ou se preocupar com o que não pode mudar?
- Gritar com as crianças?

Se você quiser melhorar drasticamente o foco em um passo simples, experimente este: *pare de responder notificações como uma foca adestrada.* Você realmente precisa ser alertado toda vez que recebe mensagens, e-mails e notificações das redes sociais? Creio que não. Entre nas configurações do celular, tablet e computador e desative TODAS as notificações.

A tecnologia existe para ser usada a seu favor, e é possível assumir o controle sobre ela neste minuto. A frequência de verificação da caixa postal, mensagens de texto e e-mails pode e deve ser decidida por *você.* Convenhamos, a maioria de nós não tem empregos em que alguém pode morrer se não atendermos uma ligação ou respondermos a mensagens de texto ou e-mails imediatamente. Não precisamos estar disponíveis o tempo todo, exceto para os nossos filhos. Uma alternativa eficaz para isso é agendar horas no dia para saber o que está acontecendo, o que exige atenção imediata, além de quais itens podem ser acrescentados a sua agenda ou sua grande lista de tarefas e o que pode ser apagado, ignorado ou esquecido. Por ser uma mãe que fica em casa em tempo integral, conto com uma babá que vem algumas horas por semana para brincar com as crianças e permitir que eu me concentre na minha grande lista de tarefas. Se os seus filhos vão à escola ou ainda tiram cochilos, você pode usar um pouco desse tempo para se concentrar em sua lista.

CONSIDERAÇÕES FINAIS SOBRE O FOCO INABALÁVEL

A maioria dos pais e mães ficaria chocada ao descobrir que gasta pouquíssimo tempo em atividades importantes, relevantes e que levam ao verdadeiro crescimento a cada dia. Como pais e mães, o tempo pode ser facilmente consumido por pequenas tarefas que parecem importantes na hora, mas na verdade são uma perda do tempo que não temos. Reserve sessenta minutos hoje ou nas próximas 24 horas para se concentrar *na sua tarefa mais importante* e surpreenda-se com a produtividade, além da sensação de fortalecimento e realização.

O foco é como um músculo que você constrói ao longo do tempo. Assim como acontece em qualquer músculo, é preciso trabalhar para aumentar a capacidade de concentração. Não se critique tanto se você enfrentar dificuldades e continue em frente, pois tudo ficará mais fácil. Talvez leve um tempo para aprender a se concentrar, mas você ficará melhor a cada dia. No fim das contas, é uma questão de *se transformar* em alguém que consegue se concentrar, e isso começa quando você se vê como tal. Recomendo adicionar algumas linhas às suas afirmações sobre o compromisso com o foco inabalável e o que você vai fazer todos os dias para desenvolvê-lo.

Lembre-se dos passos que discutimos neste capítulo sobre a importância do foco inabalável e as formas de aumentá-lo em sua vida.

Primeiro passo: limpar a mente, descarregando o que está no cérebro. Organize todas as pequenas listas de tarefas a cumprir que estão flutuando em sua cabeça e crie uma grande lista de tarefas no computador, celular ou diário (que pode ser o diário dos Salvadores de Vida.)

Segundo passo: construir as três listas de foco inabalável:

- O que preciso continuar fazendo (ou fazer mais).
- O que preciso começar a fazer.
- O que preciso parar de fazer.

Terceiro passo: na próxima semana, liste todas as suas atividades e quanto tempo você gastou em cada uma delas. O que pode ser automatizado, terceirizado ou delegado? Quanto tempo você passa nas atividades realmente produtivas e importantes? Repita essas perguntas até obter clareza em relação ao seu processo e comece a reservar horários na agenda para gastar aproximadamente 80% do tempo em tarefas que geram resultados. Delegue o resto.

A esta altura, você já acrescentou atitudes e áreas de foco incríveis às suas habilidades como pai ou mãe. Na próxima seção, vou ajudar você a afiar a capacidade de criar filhos e combiná-las aos Salvadores de Vida de um jeito que você provavelmente nunca imaginou!

PERFIL DE CRIAÇÃO DE FILHOS

Seth Campbell

Seth é presidente do conselho e fundador da Five Doors Real Estate Team em Baltimore, Maryland, além de diretor regional da Keller Williams Realty, que atua na região de Maryland.

Ele tem um filho de 14 anos de um relacionamento anterior e outros três com a esposa atual: um menino de 6 anos, uma menina de 4 e um filhinho ainda bebê.

FILOSOFIA PARA CRIAÇÃO DE FILHOS

Existem dois caminhos que você pode usar para tudo. O do "Não, por quê?" e o do "Sim, como?". Nós somos pessoas do tipo "Sim, como?". Veja um exemplo: meu filho vê um brinquedo em uma loja e começa com a típica birra de uma criança de 4 anos. Faço uma pergunta do tipo: "Como você gostaria de comprar isso?" O *mindset* dele imediatamente muda para a solução de problemas: "Sim, eu posso comprar este brinquedo. Veja como eu faria isso: coloco na tabela de objetivos, depois começo a trabalhar para chegar lá com 70% do meu dinheiro." Minha esposa e eu usamos essa técnica com as nossas crianças. Se nosso filho diz: "Quero ficar acordado até tarde", nós respondemos: "Sim, você pode fazer isso. Veja como." Teria que ser em uma sexta-feira à noite, e só depois de ter feito algumas tarefas.

O que você pode fazer para mudar o *mindset* de líder e CEO para o de pai?

Eu me preocupo muito com essa questão e faço isso por meio de uma agenda e por meio de prioridades. Tenho objetivos de cinco anos e de um ano. Experimentei com a minha família o processo de descobrir o que é mais importante e o que tem o maior impacto para eles, então eu agendo e faço. Além disso, reservo horários na agenda para que a rotina não fique desequilibrada e eu não coloque a empresa muito à frente da família. Por exemplo, eu costumava reservar um horário para os meus filhos quando voltava do trabalho, mas descobri que não era a melhor versão de mim, pois estava cansado e esgotado após o dia no escritório, então mudei o horário para as manhãs. Todos os dias antes de trabalhar, eu interajo individualmente com cada um dos meus filhos.

MELHORES DICAS PARA CRIAR OS FILHOS

Reservar um tempo para se comunicar. Quando cada uma das crianças nasceu, eu criei um endereço de e-mail, para onde mando e-mails, fotos ou vídeos delas fazendo algo engraçado. Também dei acesso ao meu diário no Evernote para que, quando elas ficarem mais velhas, tenham toda uma história para consultar.

Encher o próprio copo a cada dia. Quero ser o tipo de pai que enche o próprio copo a cada dia para conseguir reabastecer. Não quero deixar a água parada e nem me agarrar a ela. Sou bem claro em relação à lição do dia e me dedico igualmente às crianças e ao trabalho. Por isso, quando deito a cabeça no travesseiro, sei que dei tudo de mim.

Educar financeiramente. Se você perguntar sobre dinheiro, meus filhos vão dizer: "É uma ferramenta, como um martelo. Pode ser usado para machucar alguém ou para construir algo, além de impedir que alguém fique sem moradia." Eu uso a regra 70-30 que aprendemos com Gary Keller e outros: 70% do dinheiro deles vai para os gastos, 10% vai para a poupança,

10% para investir e 10% para doar. Eles têm quatro envelopes para usar sempre que ganham dinheiro.

Não subestimar a capacidade dos filhos. É incrível o que as crianças podem entender desde cedo. É muito mais do que Dora, a Aventureira ensina. Provavelmente isso indica um reflexo de como todos se subestimam, não é? Todo mundo tem uma capacidade maior do que imagina. É importante ter consciência do momento em que começamos a projetar isso em nossos filhos se não tivermos cuidado.

Deixar de lado os aparelhos eletrônicos. Já aconteceu de as crianças correrem para mim à noite e me encontrarem com esse dispositivo (o celular) nas mãos, literalmente posicionado entre nós como um pequeno muro. Que mensagem eu mando para minha filha quando ela olha para mim e eu estou dando atenção a esse dispositivo? Esteja preparado para largar tudo, estar presente, olhar nos olhos deles e realmente ouvir.

Usar sistemas. Vou compartilhar um sistema rápido. Faço meus filhos escreverem em 12 fichas o que eles amam fazer com o papai. Depois, colocamos tudo em uma caixa e, no primeiro sábado de cada mês, cada um deles tira uma ficha aleatoriamente. Durante o momento individual daquele mês, nós fazemos a atividade que está na ficha.

Estimular a relação com o Criador. O começo da liderança está na capacidade de se liderar, certo? Acredito que isso venha por meio da primeira relação com quem nos criou. Isso é o que dá sabedoria para uma liderança pessoal mais eficaz. Nenhum dos outros relacionamentos no mundo é tão importante como se sair bem nessa primeira relação.

Ajustar a perspectiva. Mudo de perspectiva o tempo todo. Sempre que começo a me sentir estressado, digo: "Quer saber? Estou na perspectiva no nível do solo, bem perto do chão. E se eu olhasse tudo de cima e ampliasse a perspectiva? Se eu estivesse a cinco mil pés de altura e visse esta situação num contexto mais amplo, além do colapso que está acontecendo agora? E se eu ampliasse a perspectiva para esta semana, mês ou ano? Isso é apenas um pequeno abalo pelo qual estou passando."

Definir objetivos. Gostamos de definir objetivos grandes e imponentes e trabalhar um pouquinho a cada dia para conquistá-los aos poucos. A cada dia, damos um passo a mais e reconhecemos que essa perspectiva é o melhor jeito de vencer na vida.

Não se esquecer de brincar. Meus filhos me ensinaram a importância da diversão. Algo aconteceu quando entrei nessa era de ouro. Fiquei muito menos divertido e levei a vida mais a sério. Eles me ensinaram a me soltar, me divertir, rir como as crianças fazem. Isso me ajudou a ser mais calmo e feliz, além de aproveitar e estar presente no momento.

CONSIDERAÇÕES FINAIS

O fracasso é uma questão de perspectiva. Talvez você se sinta um fracasso agora, mas daqui a um ano, tudo isso terá sido apenas uma parte do aprendizado. Todos nós morremos de medo de fracassar como pais e mães, especialmente considerando que nossas crenças estão em jogo. Meu conselho é deixar isso para lá. Cometa erros, dê a cara a tapa e descubra o que tem o maior impacto em seus filhos, o que os anima. Como pais e mães, precisamos deixar todo esse estresse de ser um bom pai ou mãe em segundo plano. Largue tudo isso e siga em frente cometendo falhas.

PERFIL DE CRIAÇÃO DE FILHOS

Cheryl Lowery

Cheryl fica em casa em tempo integral para cuidar dos filhos de 4 e 6 anos. Seu marido, Shawn, é empreendedor do ramo de imóveis. O filho mais velho, Connor, está no espectro autista.

Como a prática do *Milagre da Manhã* mudou você como mãe?

Eu sinceramente não tenho o dom da paciência. Engenhosidade e capacidade de adaptação, sim, mas paciência, não. A meditação, o silêncio e as afirmações podem levar à paciência, assim como a leitura. Recentemente, li *O que me faz pular: palavras de um menino que rompem o silêncio do autismo*, de Naoki Higashida, escrito por um menino não verbal de 13 anos com autismo. O livro me lembrou de ser mais paciente com meu filho, pois existem momentos em que ele simplesmente não consegue se controlar. Connor funciona de modo diferente. Eu só fiz essa leitura porque reservei um tempo para isso durante meu *Milagre da Manhã*. Pouco depois que terminei de ler, Connor teve um episódio de raiva e jogou longe um projeto de arte, sujando as paredes, o chão e a mesa com tinta azul-escura. Consegui me controlar e não gritei, apenas mandei Connor e o irmão brincarem com a auxiliar de enfermagem domiciliar e passei trinta minutos limpando as várias superfícies cobertas de tinta. Naquele momento, fui uma boa mãe ao praticar a paciência, o que talvez não conseguisse fazer antes.

Como você se tornou mais intencional na criação dos seus filhos?

Apresentando *O Milagre da Manhã* a eles. Começamos com afirmações e fazendo elogios mútuos e conseguimos trabalhar nas áreas que precisamos ao incluí-las nas afirmações e dar um caráter positivo a elas. Por exemplo, uma das afirmações de Colton é: "Gosto de experimentar comidas novas." Como você pode adivinhar, ele não gostava de experimentar alimentos novos antes disso, mas quanto mais nós apresentamos a ideia, mais ele ficou disposto a tentar, e às vezes até gostava dos novos alimentos. Outra afirmação de Colton é: "Minha voz é calma." Connor, por outro lado, come basicamente de tudo, mas tem dificuldade com a rigidez, então uma das afirmações dele é: "Sou flexível e bonzinho." Além disso, os dois têm algumas afirmações idênticas, como: "Sou um bom ouvinte" e "Faço boas escolhas".

Como você se mantém divertida como mãe?

Isso é surpreendentemente difícil para mim. Sempre fui boa com crianças quando mais nova, era muito requisitada para ser babá e até ganhei prêmios por ser a monitora favorita dos pequenos nas colônias de férias. Por isso, imaginei que seria uma ótima mãe, mas depois que tive meus filhos e vivenciei aquele estado de exaustão, observei que não brincava com eles tanto quanto deveria ou poderia, e venho trabalhando nisso. Agora, eu levo as crianças aos parquinhos todos os dias, empurro o balanço para eles, deixo os meninos jogarem pedras na água, além de levá-los a zoológicos, museus, aulas de música, ginástica e natação, e realmente gosto de *observá-los* em vez de olhar o celular.

Se eu não estivesse prestando atenção, perderia momentos pequenos, porém imensos, como Connor segurando a minha mão para me levar a algum lugar e pedir água. Embora seja algo que o irmão mais novo já fez incontáveis vezes aos 2 ou 3 anos, para ele foi um marco e tanto aos 6 anos. Ainda bem que eu estava presente e prestando atenção!

Shawn é ótimo jogando frisbee, futebol, basquete, beisebol e boliche com os meninos. Ele vai ao parquinho e brinca com as outras crianças, além de brincar com eles no espaço para crianças do restaurante Chuck E. Cheese ou no minigolfe nas noites de brincadeira com os filhos (a cada semana um deles escolhe aonde vai com o papai naquela noite.)

Que perspectivas você considera importantes para ser a melhor mãe ou o melhor pai que puder?

Agradecer, valorizar, sentir gratidão. Embora o autismo seja difícil para o indivíduo e as pessoas ao redor, não afeta a saúde geral da criança. Connor não está doente, não tem uma expectativa de vida menor nem problemas de saúde graves. Ele tem dificuldades, mas não tem câncer ou qualquer doença que coloque sua vida em risco. O diagnóstico, embora faça parte do meu filho, não o define. Connor tem pontos fortes e fracos como qualquer pessoa. O diagnóstico é apenas um meio de acessar os serviços para abordar essas fraquezas. Queremos o mesmo que todos os pais e mães: ver nossos filhos felizes. Esperamos deixar um legado do qual eles possam se orgulhar.

Que recursos você dividiria com outros pais?

Consultamos uma assistente social na clínica especializada em desenvolvimento infantil para conhecer os serviços disponíveis em nossa região, e pedimos que ela recomendasse os melhores. Como uma família que se baseia na ciência e na pesquisa, procuramos obter artigos de fontes confiáveis, como o National Institute of Health. Este artigo deles foi particularmente útil: "Complementary and Alternative Medicine Treatments for Children with Autism Spectrum Disorders" [Tratamentos complementares e de medicina alternativa para crianças com transtorno do espectro autista], da Dra. Susan E Levy.

Não recomendamos fazer pesquisas aleatórias na internet para obter informações.

Para livros e outros recursos, gostamos de:

- *Fill a Bucket: A Guide To Daily Happiness For Young Children* [Encha um balde: um guia para a felicidade diária para crianças pequenas], de Carol McCloud, Katherine Martin e David Messing.
- *Ah, os lugares aonde você irá!*, do Dr. Seuss.
- *Pete the Cat and his Magic Sunglasses* [O gato Pete e seus óculos escuros mágicos], de Kimberly e James Dean (ou qualquer outro livro da série *Pete the Cat*).
- *The Verbal Behavior Approach: How To Teach Children With Autism And Related Disorders* [A abordagem do comportamento verbal: como ensinar crianças com autismo e distúrbios relacionados], de Mary Lynch Barbera.
- *Uniquely Human: A Different Way Of Seeing Autism* [Humano Singular: um jeito diferente de ver o autismo], de Barry M. Prizant, Ph.D.
- Este é um ótimo artigo sobre o autismo [em inglês]. Choro sempre que leio: http://momastery.com/blog/2014/07/21/letter-about-autism/
- Como mãe de uma criança no espectro autista, me identifiquei muito com este episódio de podcast [em inglês]: http://www.radiolab.org/story/juicervose/

Praticar o *Milagre da Manhã* com Connor o ajudou em outras áreas da vida?

Sim. Sempre que podemos destacar os pontos fortes de Connor, vejo um cenário em que todos saem ganhando. Nós queremos estimulá-lo, porém trabalhamos incontáveis horas por semana nas deficiências dele. É uma vida difícil para uma criança de 4 a 6 anos. Ele ficou mais criativo nas brincadeiras recentemente. Entre os pontos fortes de Connor estão a alimentação e a coordenação motora grossa, então sinto que sua saúde física vai bem. As afirmações aumentam a consciência das qualidades positivas dele. Connor adora ler e ficou muito bom nisso. A meditação é uma área na qual eu adoraria que ele se concentrasse no futuro, pois consigo ver os diversos benefícios positivos de ficar mais presente e ter atenção plena.

HISTÓRIA DE SUCESSO NA CRIAÇÃO DOS FILHOS

Ao usar *Teach Your Child to Read in 100 Easy Lessons* [Ensine seu filho a ler em 100 lições fáceis], de Siegfried Engelmann (o comprovado programa de leitura SRA DISTAR adaptado para pais e filhos), consegui fazer Connor chegar ao nível de leitura da segunda série antes de entrar no jardim de infância. Isso é um avanço imenso por vários motivos. Primeiro, é ótimo que uma criança com dificuldade na linguagem consiga ler. Segundo, a exigência de fazer tarefas é um dos gatilhos de Connor, que pode gerar um ataque de raiva. Como a escola não precisa ensiná-lo a ler, esse é um conjunto a menos de demandas para ele.

História de sucesso na criação de filhos. Após enviar um e-mail de cinco páginas (em espaçamento simples) *defendendo* a necessidade de um auxiliar ao lado do meu filho o tempo todo quando ele estava no jardim de infância, recebi a seguinte resposta em 48 horas:

"Discutimos as questões propostas e vamos incluir um resumo de suas reclamações no Programa de Educação Individualizada de Connor. Além disso, [a professora dele] vai modificar o suporte adulto para Connor, incluindo um assistente para ele durante a educação regular/jardim de infância." Vitória total da criação de filhos e uma boa definição do verbo *defender.*

MELHORES DICAS PARA CRIAR OS FILHOS

Cercar-se de pessoas bem-informadas. Encontrar um pediatra ou médico de família respeitável e bem-informado que esteja disposto a ajudar é crucial. Além disso, tenho a sorte de ter uma irmã pediatra. Ela trabalha mais com doenças infecciosas, e não com desenvolvimento infantil, mas, de qualquer forma, é pediatra! Tenho amigos que também ajudam muito. Um deles tem um filho com necessidades especiais (síndrome de Prader-Willi) e é especialista em comportamento humano. Outro amigo é professor de educação especial no ensino básico e tem trigêmeos neurotípicos. E outro amigo foi comigo a uma reunião do programa de educação individualizada.

Conseguir a ajuda de uma equipe. É preciso um vilarejo para criar uma criança neurotípica, mas é preciso uma equipe para criar uma criança no espectro autista ou com atraso no desenvolvimento. A equipe que atua em casa e na escola, com auxiliares de enfermagem e especialistas em comportamento, foi muito paciente e nos ajudou a dar a Connor uma trajetória de avanços. A primeira equipe multidisciplinar foi fundamental para aumentar a comunicação, enquanto o grupo atual oferece uma ajuda imensa na área das brincadeiras, aumentando a flexibilidade, diminuindo a rigidez e melhorando as habilidades sociais.

Não reinventar a roda. Claro que toda criança é diferente, mas aprenda com os que vieram antes de você. Nós seguimos todos os conselhos do pediatra especialista em desenvolvimento, incluindo o programa pré-escolar de Susan Chaplick, que vem ajudando muito nos impressionantes ganhos de Connor.

Aproveitar os recursos da internet. A Autism Speaks tem o maravilhoso "First 100 Days Kit" [Kit para os primeiros cem dias], para ser usado nos três meses após a criança receber o diagnóstico. Muitos recursos na internet, como grupos de pais de crianças com necessidades especiais no Facebook, podem ser úteis e levar você a encontrar alguns dos melhores amigos na jornada e na vida.

CONSIDERAÇÕES FINAIS

Embora o autismo seja apenas uma faceta da comunidade de pessoas com necessidades especiais, nós nos identificamos com essa luta como família. Criar um filho com necessidades especiais não é melhor nem pior, é apenas diferente. Eu não sou melhor e nem pior, apenas diferente. Preciso me lembrar disso para praticar mais a paciência. Ao agir dessa forma, consigo apreciar melhor os momentos em que o trabalho árduo vale a pena e o sucesso precisa ser comemorado.

Para citar um dos nossos livros favoritos, *Ah, os lugares aonde você irá!* do Dr. Seuss: "A vida é um grande ato de equilíbrio". Esse realmente virou o lema da família.

PARTE II:

HABILIDADES PARA UMA CRIAÇÃO EXCEPCIONAL

Capítulo 7

PRIMEIRA HABILIDADE PARA UMA CRIAÇÃO EXCEPCIONAL:

Propósito

Como pais, nós lideramos através do exemplo silencioso. Só falamos realmente com nossos filhos quando eles não estão ouvindo.

— Robert Brault, autor de *Round up the Usual Subjects: Thoughts on Just about Everything* [Resumo sobre os assuntos habituais: pensamentos sobre quase tudo]

Ao utilizar a prática do *Milagre da Manhã* na criação dos filhos, algo maravilhoso acontece: você se vê definindo intenções e concentrando os esforços a fim de se tornar um pai ou mãe verdadeiramente excepcional. Pais e mães que têm propósito são capazes de liderar a família com mais eficácia. Você se surpreenderia com a quantidade de pais e mães bem-intencionados que erram ao deixar as crianças definirem a agenda do dia. Por outro lado, pais com propósito direcionam os eventos em vez de serem levados pelas situações. Isso não significa que eles estejam no controle total (ninguém que realmente criou filhos esperaria isso), mas os pais e mães com propósito tomam a iniciativa e definem o tom para o dia, começando pelo *Milagre da Manhã*.

Os pais com propósito se mantêm informados, usam todos os recursos disponíveis para melhorar a criação dos filhos, valorizam a formação de vínculos com a criança e formulam estratégias para proteger esses vínculos. Eles também valorizam a comunicação clara com os filhos e entre si e sabem o valor de criar e manter parcerias com outros pais e mães, professores, cuidadores, médicos (e outros especialistas), entre si e com os filhos. Vou aprofundar cada uma dessas ideias neste capítulo, mas antes de tudo: para ter um propósito, é essencial ter uma visão de como seria a família ideal para você.

CRIAR UMA VISÃO COM PROPÓSITO

A sua visão da vida familiar ideal pode ser completamente diferente da minha. Cada família é única. A vida familiar ideal vai refletir seus valores, objetivos e prioridades, e o plano para avançar intencionalmente na direção desses objetivos é altamente personalizável. Você deve estar pensando: *É ótimo que você esteja seguido a sua visão, mas como eu descubro e formo a minha?* É mais fácil do que você pensa! O processo de criação de visão a seguir, em quatro passos, vai ajudar a definir uma imagem clara da sua vida ideal e identificar as ações que vão transformar essa visão em realidade.

É bom reservar um tempo para terminar esse processo com calma. Se tudo parece demais no começo, dê um passo de cada vez. O objetivo é fazer as perguntas importantes, encontrar as respostas e obter um propósito a fim de avançar com sua vida na direção certa. Concordo com as palavras de Bill Gates: "A maioria das pessoas superestima o que pode fazer em um ano e subestima o que pode fazer em dez anos." Então, pense GRANDE, tenha propósito e faça o caminho reverso para chegar à sua visão.

QUATRO PASSOS PARA CRIAR A VIDA FAMILIAR IDEAL

Primeiro passo: desenvolver uma visão

O primeiro passo foi feito para pensar em qual tipo de vida familiar daria mais realização a você. Uma boa opção é começar pegando o seu diário e fazendo algumas perguntas: Como seria a sua vida familiar ideal? O que lhe dá energia e ânimo a ponto de alegrar o seu coração? Se o medo não atrapalhasse, o que você faria com seu tempo? Onde você vê a sua família daqui a cinco anos? A vibração que você emite atrai a sua tribo, então quem são as pessoas ao seu redor? Onde você mora e que ambiente você criou em casa? Como você faz a diferença no mundo?

Agora, faça uma viagem no tempo. Comece a elaborar sua visão escolhendo uma data entre três e cinco anos no futuro. Feche os olhos e imagine a sua vida de modo bem nítido, exatamente como você deseja. Quando conseguir ver, sinta e ouça o futuro, com o máximo de detalhes possível, e escreva sua visão como se estivesse vivendo nela agora. Da perspectiva do eu futuro, descreva a pessoa na qual você se transformou e o que fez para criar sua vida ideal. Ao escrever minha visão, eu começo com estas palavras: "A data é ______________, e minha vida é incrível porque..." E termino com "Ou isto ou algo melhor."

Ao responder a essas perguntas, reserve um tempo para escrever as respostas. O processo pode fazer parte das práticas diárias de escrita e visualização. Você também tem a opção de reservar um tempo especificamente para se concentrar e aprofundar esse processo de criar uma visão. Se quiser ver uma meditação guiada útil para fazer você visualizar cinco anos no futuro [em inglês], confira o curso on-line grátis de Jenai Lane http://www.spiritcoachtraining.com/freecourse.

Também é importante entender seus desejos, motivações e o que realmente está por trás de suas respostas a essas perguntas. Recomendo fazer perguntas mais profundas a respeito da sua visão. Como ela é em termos específicos? Você deseja fazer uma viagem em família? Jantar em família todas as noites é possível? Se não for, talvez um café da manhã em família? Uma reunião familiar ajudaria na sua comunicação? Por que essa visão é importante? O que conquistá-la vai fazer por você? Como você vai se sentir quando tiver a vida dos seus sonhos?

Ao escrever, tente ser abrangente e se concentrar no que é importante para você. O processo foi criado para fazê-lo pensar em como é uma família saudável, bem-sucedida e divertida. Não há limite para as perguntas que você pode fazer. O importante é criar uma visão inspiradora e que lhe permita praticar mais as atividades favoritas de sua família.

Outra dica que achei útil no processo de criar uma visão é montar um quadro de visualização individual ou em família (ou ambos). Todo ano, nós fazemos um grande quadro de visualização juntos para lembrar o que é importante naquele ano. Além de ser uma ótima atividade para fazer em família, ela prepara o subconsciente para atrair essa visão. Os quadros de visualização (e afirmações e visualizações com esse propósito) são poderosos porque se relacionam à maneira como o cérebro humano funciona.

Temos uma rede flexível de neurônios no cérebro chamada sistema ativador reticular (SAR), que filtra informações para não sobrecarregar os sentidos e chama a atenção para informações relevantes. Por exemplo, você pode estar dirigindo na via expressa e passar por várias placas dizendo o limite de velocidade sem prestar atenção, mas é só ver um policial que começa a reparar nelas a cada quilômetro para ter certeza de que não ultrapassou a velocidade máxima permitida. Esse é o SAR em ação. Os publicitários usam esse sistema para o marketing, então que tal criar o comercial perfeito para a vida familiar que você deseja e programar sua mente com a ajuda dele para atraí-la? O quadro de visualização é exatamente isso: um anúncio da sua vida familiar ideal!

Criar um quadro de visualização é simples, e a ótima notícia é que não existe jeito errado de fazer isso. Gosto de começar com grandes imagens. Paisagens de lugares lindos para onde eu gostaria de viajar funcionam muito bem nesse primeiro passo. Depois, eu o preencho com imagens menores que são importantes para mim. Se faltar clareza em sua visão, pode ser divertido deixar o universo escolher suas imagens. Esvazie a mente com uma meditação e deixe um número de página vir à mente. Vá até aquela página em um livro ou revista e recorte o que a intuição disser para incluir no quadro. É permitido incluir bens materiais em um quadro de visualização, mas recomendo direcioná-lo mais à pessoa em quem você quer se transformar e às experiências que deseja ter como família do que aos bens materiais. Às vezes, os bens materiais nos controlam, mas não será possível levá-los com você no fim de tudo. Tente usar as emoções do simbolismo por trás das imagens em vez da interpretação literal delas. Ao final do primeiro passo, você deverá ter uma imagem clara da sua vida familiar ideal.

Segundo passo: definir o que você precisa fazer para avançar

Quando a busca pelas respostas começa, elas tendem a aparecer. Na verdade, você descobre que existem várias formas de conquistar seus objetivos familiares quando aprende a identificá-los. Divida sua visão em partes, se necessário, e depois escreva um plano de ação para definir como guiar sua família nessa direção. Talvez você pense que uma família de sucesso tenha duas horas de convivência diária, mas seus filhos passam todo o tempo livre na internet. Qual é o seu plano para levá-los a gastar menos tempo no computador? Será que parar subitamente daria certo ou seria melhor uma abordagem mais gradual? Depende da família. O objetivo é pensar no rumo que você deseja tomar e depois criar um plano para fazer essa mudança.

Nesse passo, talvez seja útil reunir informações de várias fontes. Aproveite a sua rede de contatos familiares. Peça conselhos e recomendações a outros pais e mães, além de professores, médicos ou familiares. Você também pode ler livros e usar a internet como fonte de pesquisa.

Terceiro passo: acompanhar o progresso

Mudar a cultura de uma família às vezes equivale a mudar a direção de um navio cargueiro: acontece devagar e gradativamente. É melhor avaliar o progresso e comemorar os pequenos avanços. Experimente as abordagens mais de uma vez. O que não funciona em um dia pode muito bem funcionar no outro. Lembre-se de que famílias são compostas de pessoas, que têm dias bons e ruins. Anote o que funciona e o que não funciona e não se esqueça de ter paciência.

Você pode incorporar seu plano às afirmações e visualizações diárias para ajudar a manter a motivação e o envolvimento. Lembre-se: você está trabalhando para obter a situação familiar ideal que visualizou no primeiro passo. Todo esse esforço vale a pena!

Quarto passo: atualizar e evoluir sua abordagem constantemente

Enquanto você continua colocando os passos em prática a fim de conquistar a vida familiar ideal, não tenha medo de mudar a abordagem quando descobrir algo que não está dando certo. Utilizamos o exemplo do café da manhã em família no primeiro passo por ser uma opção criativa para gerar a união que está por trás da ideia de jantar em família. Se o jantar não for possível, o café da manhã pode ser um bom substituto.

VISÃO COM PROPÓSITO EM AÇÃO

Vou contar a história de como encontramos um propósito como família para ilustrar o processo. Mike e eu adoramos viajar. Quando tivemos filhos, juramos que encontraríamos um jeito de continuar viajando em família. Já havíamos feito uma trilha no Monte Kilimanjaro quando eu estava grávida de quatro meses (com autorização do médico!) porque já estávamos com tudo pago e essa é uma viagem que só se faz uma vez na vida, por isso não queríamos perder a oportunidade!

Depois que Tyler nasceu, viajamos basicamente dentro do país, mas nosso filho puxou aos pais e sempre foi um ótimo viajante, desde criança! Ele pegou o primeiro avião com oito semanas de vida sem nenhum problema. Quando Ember veio ao mundo, quatro anos depois, Tyler provavelmente já tinha mais milhas do que muitos adultos. O primeiro voo de Ember foi com 12 semanas de vida e, agora, com 7 e 3 anos, respectivamente, os dois já acumularam milhas e têm alguns carimbos no passaporte. Fomos abençoados, e viajar continua sendo uma parte importante das nossas vidas.

Mas a providência divina não foi o único motivo para conseguimos manter a rotina de viagens. Estava em nossa visão de cinco anos, em todos os quadros de visualização e demos os passos necessários para conquistar essa visão. Viajamos com as crianças desde cedo para acostumá-las, e as levamos em várias aventuras. Tyler assistiu ao primeiro show aos seis meses no

Colorado, foi à Ilha Grand Cayman, fez um cruzeiro para o México, esquiou no Colorado e muito mais, tudo antes de sua irmã nascer. Ember também teve sua cota de aventuras, incluindo ver as Cataratas do Niágara, nadar nos oceanos Pacífico e Atlântico e visitar a Legoland na Califórnia (duas vezes). Tudo correu bem por um tempo até uma grande mudança acontecer.

Primeiro passo: visão. Nós queríamos a flexibilidade de viajar sem sacrificar a qualidade da educação do nosso filho

Quando Tyler entrou no jardim de infância, essa abordagem não funcionou mais. Pela primeira vez na vida familiar, passamos a ser impedidos de viajar quando e para onde queríamos. Tínhamos que planejar de acordo com o calendário escolar, e não deu muito certo. Alcançamos o limite máximo de faltas na escola, viajávamos sempre que ele não estava em aula, mas no fim do ano letivo estávamos esgotados. Decidimos que precisava haver uma solução melhor, mas para encontrá-la era preciso ter clareza em relação ao que desejávamos. Um dia, Mike e eu pegamos um pedaço de papel e criamos uma visão do que seria a situação ideal. Nós buscávamos algo que oferecesse a estrutura e a flexibilidade que desejávamos para a educação de Tyler. O ideal seria um lugar que desse uma sensação de comunidade como já tínhamos vivido em sua fase pré-escolar.

Segundo passo: definir o que é preciso fazer para avançar nessa direção

Quando definimos o que queríamos, pesquisamos um pouco, visitamos todas as escolas da região e fizemos a mesma pergunta aos administradores: "E se quiséssemos passar o mês de janeiro no Colorado?" Tivemos a mesma resposta em todas elas: uma careta de desaprovação! Pensamos no ensino domiciliar como opção, mas com toda a nossa agenda de viagens e trabalho, não sabíamos como conseguir a estrutura que desejávamos para a educação de Tyler.

Terceiro passo: avaliar o progresso

Sentimos o golpe, mas nos baseamos na frase de Thomas Edison: "Quando tiver esgotado todas as possibilidades, lembre-se disso: você não as esgotou."

Desde que Tyler tinha um ano e meio de idade, eu fazia parte de um grupo de mães que educavam os filhos em casa, então pedi ajuda por lá e uma delas sugeriu que visitássemos um lugar chamado Open Connections (www.openconnections.org). Nós pesquisamos na internet e, quanto mais líamos, mais empolgados ficávamos.

É o paraíso para famílias em busca da Partnership Education ("educação em parceria" em tradução literal, frequentemente chamada de ensino domiciliar ou ensino sem escola) como forma de socializar, explorar e colaborar. Fundada em 1975, com base na crença de que todos nascemos curiosos em relação ao mundo, a Open Connections tem programas semanais para crianças e jovens com idade entre 2 e 18 anos. O campus fica em um belo terreno de 11 hectares, com árvores, lagos e um riacho, oferecendo vastas oportunidades para que a juventude se envolva em experiências e atividades práticas e com propósito. Marcamos uma reunião com os diretores para ver a Open Connections de perto e nos apaixonamos pelo lugar. Nosso filho teve um dia de experiência e também se apaixonou. Ao longo de todo o ano letivo, ele ficava nos perguntando quando poderia voltar à Open Connections e ficava muito triste quando dizíamos que seria preciso esperar até o outono seguinte.

Quarto passo: atualizar e evoluir a abordagem constantemente

Tyler frequenta a Open Connections desde setembro de 2015 e amou cada minuto. Nós realmente transformamos em realidade a visão de ter um ambiente estruturado para as crianças e que também fosse flexível de modo a permitir que viajássemos quando e para onde quiséssemos sem prejudicar a educação delas. Sem essa clareza de visão, poderíamos ter aceitado uma opção inadequada. Contudo, essa não é uma decisão permanente. Todo ano refletimos se esse ainda é o caminho que desejamos seguir.

As pessoas geralmente agem impulsionadas pelo medo e buscam o conforto. Teria sido muito mais fácil simplesmente preencher a papelada e mandá-lo de volta à escola pública, abandonando uma das partes mais importantes da nossa visão para a vida familiar ideal. Como tínhamos um propósito, arriscamos e demos um salto no escuro que está sendo muito satisfatório em vários aspectos.

Não digo que o ensino domiciliar seja a opção certa para todas as famílias, mas espero que seja útil mostrar como saímos da visão para a realidade. Quando existe um compromisso com sua visão, ela vira realidade. A agenda de ensino domiciliar de Tyler tem a seguinte frase de T.S. Eliot: "Às vezes, algo passa a ser possível se desejamos com muito afinco." Quando assumimos um compromisso, encontramos um jeito para que ele aconteça, mesmo quando estamos com medo ou incomodados.

PAIS COM PROPÓSITO SÃO INFORMADOS

Quando trouxemos nosso primeiro bebê para casa, não tínhamos ideia do que estávamos fazendo. Claro que fizemos cursos de pais antes de sair do hospital, mas verdade seja dita: as crianças não vêm com manual de instruções. O pobre Tyler não tirou um cochilo de verdade nos primeiros seis meses de vida porque eu tinha a impressão de que o berço deveria ser usado apenas para dormir, e permitir que o bebê cochilasse nele o deixaria confuso. Mike não discordava porque não queria me chatear e porque também não fazia ideia do caminho a seguir. Tyler ainda comeu papinha e iogurte por cerca de um ano porque eu tinha medo de que ele engasgasse com outros alimentos.

Como pais e mães, muitas vezes nós agimos movidos pelo medo, mas quando começamos a analisar a visão para nossa família no geral, os passos para chegar lá ficaram mais claros. É fundamental destacar a importância de ouvir conselhos de outros pais e mães, professores, pediatras e especialistas quando você não sabe o que fazer. Nosso jeito de reduzir o medo é adquirir conhecimento. Você pode começar lendo alguns dos livros que recomendei anteriormente. Exponha-se a novas formas de pensar e veja o que funciona. Nosso trabalho de criação dos filhos está sempre mudando: temos apenas um ano para aprender a cuidar deles como bebês, depois precisamos aprender a cuidar deles quando começam a engatinhar, quando vão para a pré-escola, quando chegam à idade escolar, depois na pré-adolescência e por aí vai. Além disso, cada criança tem seu próprio conjunto de desafios e oportunidades. Assim que você sente que dominou uma experiência, ela muda. O segredo para se adaptar é ter um propósito em cada etapa.

Todos os pais desejam instintivamente que os filhos sejam melhores do que eles, mas muitos não sabem como fazer isso. No livro *Melhor que você mesmo*, Steve Farber oferece um guia. Ele diz que, para deixar seus filhos maiores do que você, primeiro é preciso se expandir, depois se doar e por fim se replicar. Quantos de nós temos medo de nos tornarmos nossos pais? Você deseja que seus filhos tenham medo de ser iguais a você ou prefere ser motivo de orgulho, inspiração e modelo de comportamento para eles?

Comprometer-se com a prática do *Milagre da Manhã* foi o jeito mais fácil e eficaz que encontrei para me expandir. Dê a si mesmo essa hora para fazer o melhor pelos seus filhos no resto do dia. O próximo passo é se doar, então como fazer isso com propósito? Mantendo-se presente.

PAIS COM PROPÓSITO SÃO PRESENTES

No livro *The Available Parent: Expert Advice for Raising Successful, Resilient, and Connected Teens and Tweens* [Pais disponíveis: otimismo radical para criar adolescentes e pré-adolescentes], o Dr. John Duffy usa a frase "proteger o tempo". Isso é exatamente o que fazemos ao levantar cedo para fazer o *Milagre da Manhã*. Estamos protegendo o tempo para nós mesmos ao fazer os Salvadores de Vida.

Como pais e mães, também precisamos proteger o tempo que passamos com nossos filhos. Se não tivermos um propósito em relação a isso, vamos acabar perdendo o vínculo com eles. Pesquisas mostram que manter o vínculo com a criança é muito importante. De acordo com a Education Training Research Associates:

"O vínculo entre pais e filhos é caracterizado pela qualidade do laço emocional entre eles e pelo quanto essa relação é mútua e mantida ao longo do tempo. Quando o vínculo entre pais e filhos de uma família é alto, o 'clima emocional' é de afeto, carinho, satisfação, confiança e pouquíssimos conflitos. Pais e filhos com alto grau de vínculo gostam de conviver, comunicam-se abertamente e sem conflitos, apoiam e respeitam uns aos outros, têm valores similares e otimismo em relação ao futuro."

O vínculo entre pais e filhos é chamado de "superprotetor", pois está associado à prevenção de problemas familiares como uso de drogas, violência e gravidez na adolescência. Como as famílias têm menos tempo neste mundo dominado pela tecnologia, precisamos ter mais propósito em relação a manter a união. Os quatro jeitos mais fáceis de promover esse vínculo em nossa casa são:

1. Não agendar atividades demais.
2. Priorizar os jantares em família de modo consistente.
3. Ter reuniões trimestrais do conselho familiar com cada um dos filhos.
4. Manter um ritual para a hora de dormir.

1. Pais com propósito não sobrecarregam os filhos

É muito importante prestar atenção ao nível de estresse dos seus filhos. Se você descobrir que a criança está estressada, talvez ela se sinta sobrecarregada. No livro *Sem tempo para ser criança*, o Ph.D. David Elkind explica que as crianças de hoje estão estressadas e isso tem efeitos devastadores. Segundo ele, as crianças estão crescendo muito rápido e cedo demais, e existem quatro fontes principais que contribuem para essa aceleração: os pais, a escola, os meios de comunicação e a tecnologia. Como este livro é para pais e mães, vou me concentrar nessa importante relação. Segundo Elkind, os pais apressam os filhos para crescer devido à vida estressante causada pelas mudanças rápidas na sociedade. Basicamente, os pais precisam controlar o próprio estresse para ajudar os filhos a fazer o mesmo.

Elkind aponta os perigos do estresse:

Algumas estatísticas ajudam a contar a história: a mortalidade infantil está em alta após mais de um século de queda, mais crianças vivem na pobreza hoje do que há vinte anos e houve um aumento de 50% na obesidade em crianças e adolescentes nos últimos vinte anos. Além disso, o índice de gravidez na adolescência nos Estados Unidos é o maior entre as sociedades ocidentais e o dobro da Inglaterra, que está em segundo lugar nesse aspecto. As taxas de suicídio e homicídio de adolescentes triplicaram nos últimos vinte anos. Em termos educacionais, os resultados dos vestibulares despencaram e, na outra ponta, entre 15% e 20% das crianças são "reprovadas" no jardim de infância, e talvez o mais assustador de tudo: nos Estados Unidos de hoje, milhões de crianças estão sendo medicadas para ficarem mais dóceis na escola e em casa, com um aumento de centenas de vezes nos últimos cinco anos.

Sendo assim, pare e faça um inventário do estresse em sua vida familiar. No Capítulo 6, aprendemos a criar uma lista do foco inabalável fazendo três perguntas: O que você deveria continuar fazendo (ou fazer mais)? O que você precisa começar a fazer? O que precisa parar de fazer? Use essas perguntas sobre foco para identificar as atividades que você pode cortar da agenda. Se for algo sem o qual seus filhos não podem viver, mas que não traz alegria a você, veja se existe um grupo de carona do qual você possa participar ou procure outra solução criativa. Em resumo: ter muitas atividades é estressante tanto para os pais quanto para os filhos; então, ao eliminar estrategicamente algumas que não servem mais para sua família, você vai criar mais espaço e liberdade para todos aproveitarem a vida.

2. Jantares em família

Um dos exemplos mais comuns de tempo protegido é o jantar em família, que também é um dos momentos mais esquecidos na vida familiar de hoje. Com que frequência marcamos compromissos para a hora do jantar ou damos prioridade a outros eventos? No entanto, sabemos a importância de fortalecer diariamente os vínculos familiares após um dia ocupado, certo?

Se você precisar de mais motivos, veja algumas das estatísticas de um estudo feito pela CASAColumbia, em 2010, sobre a importância de jantar em família:

- Os adolescentes que jantam em família com frequência (de cinco a sete vezes por semana) são mais propensos a ter ótimos relacionamentos com os pais.
- Os adolescentes que jantam com a família cinco ou mais vezes por semana têm quase o dobro de probabilidade de receber conceito A na escola, comparados a adolescentes que jantavam com a família duas vezes por semana ou menos.
- Quanto maior a frequência dos jantares em família, menor a probabilidade de os filhos beberem, fumarem e consumirem maconha ou outras drogas.
- Crianças e adolescentes que fazem pelo menos três refeições com a família por semana têm probabilidade 12% menor de ficar acima do peso, 20% menor de comer alimentos pouco saudáveis, 35% menor de desenvolver um transtorno alimentar e 24% maior de comer alimentos saudáveis.
- Os estudantes que jantam com os pais regularmente têm probabilidade menor de matar aulas.
- 72% dos adolescentes acreditam que fazer refeições em família é importante.
- 62% dos adolescentes que fazem menos de cinco refeições com os pais gostariam de fazer isso com maior frequência.

Sentar para dividir uma refeição é muito importante para aperfeiçoar a comunicação familiar. E, para deixar o jantar em família ainda melhor, não pergunte aos filhos como foi o dia deles ou o que fizeram na escola; escolha perguntas específicas e abertas. No Natal, nós compramos um kit de perguntas para a hora do jantar, ótimo para esses momentos. Você também pode pesquisar facilmente na internet "perguntas para jantar em família" e encontrar muitas opções. Basta deixar as palavras fluírem. Também sugiro ter uma regra que proíbe o uso de aparelhos eletrônicos à mesa de jantar para que todos estejam inteiramente presentes naquele momento.

3. Reuniões trimestrais do conselho familiar

Outra iniciativa simples que utilizamos para aumentar o vínculo entre pais e filhos se chama reunião do conselho familiar. Jim Sheils, nosso amigo e autor de *The Family Board Meeting* [A reunião do conselho familiar] (e que também escreveu o prefácio deste livro), defende a importância de fazer uma reunião individual de quatro a seis horas com cada um dos filhos uma vez por trimestre. Ele sugere fazer um ritual em que você e seu filho desliguem os aparelhos eletrônicos. Esse momento será direcionado pela criança a fim de garantir interações de qualidade e de se concentrar em construir o relacionamento de vocês.

No livro, Jim define os três passos para ter sucesso em uma reunião do conselho familiar:

1. Ficar apenas você e seu filho.
2. Não permitir aparelhos eletrônicos.
3. Fazer uma atividade divertida a ser escolhida pela criança com *reflexão concentrada*.

Nós marcamos as reuniões do conselho familiar no mesmo dia, para que Mike e Tyler fiquem juntos enquanto Ember e eu fazemos a nossa reunião. Na vez seguinte nós trocamos, para que cada um de nós faça duas reuniões por trimestre.

Essas reuniões foram tão marcantes para nossos filhos quanto para nós como pais. Na primeira reunião do conselho familiar com Ember, eu a levei para pintar as unhas pela primeira vez e depois fomos jantar. Fiquei chocada por ela ter ficado tão quietinha e ter amado todo o processo. Na reunião deles, Mike levou Tyler para fazer escalada e comprar uma bicicleta — e ele aprendeu a andar no mesmo dia. Na primeira reunião do conselho familiar de Mike e Ember, eles se arrumaram e ele a levou para ver o balé *O Quebra-Nozes*. Os olhinhos dela brilharam ao ver a beleza dos bailarinos e bailarinas no palco, e Mike pôde testemunhar e partilhar a alegria da filha. Enquanto isso, eu levei Tyler para um parque indoor onde escalamos, pulamos, brincamos bastante e depois saboreamos um almoço especial.

As lembranças desses momentos serão guardadas com carinho por muitos anos. No fim de cada reunião, nós registramos as atividades que fizemos em um diário especial, junto com a resposta à pergunta: "Qual foi sua parte favorita do dia?"

Às vezes, ficamos tão ocupados com a vida que nos esquecemos de reservar um tempo e fazer algo divertido com as crianças. A reunião de família trimestral é o momento de deixar seus filhos levarem você em uma aventura para fortalecer o vínculo com eles. Nós agendamos consultas médicas e dentárias com muita antecedência; por que não agendar um momento para brincar com as crianças? E mantenha o compromisso, não importa o que aconteça. Os filhos são o nosso cliente mais importante.

4. Ritual da hora de dormir

Outro jeito simples de fortalecer o vínculo com as crianças de modo consistente é ter um ritual para a hora de dormir. Em nossa casa, tudo começa uma hora antes de ir para a cama. Nós desligamos todos os aparelhos eletrônicos (porque a luz artificial das telas interfere na produção de melatonina, o hormônio do sono), as crianças tomam banho e colocam o pijama. Em seguida, diminuímos as luzes e nos concentramos em atividades mais tranquilas, como brincar com o Lego, trabalhar em projetos de arte, montar quebra-cabeças ou ler. Quando vão para a cama, cada uma das crianças ouve uma historinha para dormir e nós fazemos uma meditação guiada com eles.

As crianças sabem o que esperar todas as noites na hora de dormir, o que facilita a transição para o sono. Na maioria das noites, elas dormem com facilidade e sem criar caso, o que facilita muito a nossa própria hora de dormir.

O seu ritual familiar noturno será diferente do nosso, mas o importante é ser o mais consistente possível. Os bons rituais para a hora de dormir envolvem limitar a exposição às luzes brilhantes e telas emissoras de luz azul, que é especificamente nociva para o ritmo circadiano. Existem filtros especiais para laptops e tablets para o caso de você precisar trabalhar à noite, e até luzes noturnas especiais para as crianças, que não emitem luz azul (http://www.bulletproof.com/low-blue-nightlight). E lembre-se do que falei no Capítulo 5 (engenharia de energia) sobre a importância de dormir o suficiente. Agende a hora de dormir de todos para que consigam a quantidade ideal de sono.

Outro elemento para incluir no seu ritual da hora de dormir é a leitura. Estudos mostram que o aprendizado melhora durante o sono, então ler algo antes de dormir é ótimo. Por outro lado, é bom evitar refeições pesadas ou bebidas com cafeína antes de ir para a cama, e os adultos também devem limitar o consumo de álcool para não prejudicar o sono.

COMUNICAÇÃO INTENCIONAL

Outro jeito de ser um pai ou mãe com propósito está na forma de se comunicar com os filhos. As pessoas geralmente fazem o melhor quando sabem o que se espera delas, e as crianças não são diferentes. É nosso trabalho como pais e mães comunicar nossas expectativas aos filhos de modo bem explícito.

Em nossa casa, criamos as Expectativas da família McCarthy, que se aplicam a todos, não apenas às crianças, e são princípios gerais de convivência. Recomendo que você crie os seus. Ao escrever esses padrões, lembre-se de que as palavras são muito importantes. Em vez de listar o que não fazer, faça uma lista do que você pode e vai fazer. Por exemplo, em vez de dizer "não corra dentro de casa", você pode dizer: "por favor, dentro de casa apenas ande".

Aqui está um modelo para você começar:

1. Quando fizer bagunça, arrume-a.
2. Por favor, dentro de casa apenas ande.
3. Pular, só na cama elástica.
4. Quando cometer um erro, peça desculpas e dê um abraço.

5. A violência uns contra os outros não será tolerada.
6. Lembre-se de ser educado. As boas maneiras são fundamentais para conseguir o que você quer.
7. Respeitem uns aos outros.
8. Divida brinquedos, não germes.

Essas diretrizes são úteis para fins disciplinares. Em vez de pedir um tempo para esfriar a cabeça, quando alguém não está cumprindo as expectativas em nossa casa, a pessoa é alertada. Essas diretrizes estão escritas em um quadro branco, então, quando alguém não as segue, nós simplesmente apontamos para o quadro e lembramos a pessoa da expectativa. Ninguém precisa ser o vilão, pois é apenas um lembrete de como tratamos uns aos outros. As crianças até repreendem Mike e eu quando saímos da linha!

Além das expectativas, criamos um selo com os nossos valores familiares. Usando a sua visão, o quadro de visualização familiar ou ambos, crie uma lista de palavras que descrevam a sua vida familiar ideal. Se você tiver dificuldade, jogue a frase "valores familiares" no Google em busca de ideias. Depois que tiver uma lista boa, comece a reduzi-la até ficar com poucos valores. É ótimo envolver a família nesse processo. Todos podem contribuir e, se duas ou mais pessoas tiverem a mesma ideia, provavelmente é uma boa palavra a ser incluída. Depois de escolher suas palavras, vocês podem criar uma imagem ou acrônimo para ficar mais fácil de lembrar.

O nosso brasão se chama Estrela-Guia da Família McCarthy e é composto por dois triângulos sobrepostos para formar uma estrela de seis lados. No centro está o Amor, que é nosso valor básico. Cada ponta da estrela tem um valor: Aventura, Aceitação, Abundância, Criatividade, Curiosidade e Contribuição. Gostamos de matemática, então criamos essa equação para lembrar dos nossos valores: Amor = A3 + C3.

A3 + C3 = AMOR
Aventura
Autenticidade
Abundância
Amor
Cooperação
Criatividade
Curiosidade
família McCarthy
ESTRELA-GUIA

O outro lado da moeda da comunicação é ouvir com propósito. Temos que estar dispostos a ouvir nossos filhos e disponíveis para que eles digam o que sentem. Brigar e gritar não são uma forma de comunicação eficaz. Se quisermos ser ouvidos, primeiro precisamos ouvir e sentir empatia pelos sentimentos deles. Os problemas das crianças podem parecer pequenos para nós, especialmente se estivermos estressados, mas são grandes e reais para eles. Se não ouvirmos quando os problemas forem pequenos, é pouco provável que os filhos nos procurem quando algo maior acontecer mais à frente.

Pratique a escuta ativa com seus filhos fazendo uma pergunta e esperando a resposta. Segundo o livro *Fierce Conversations: Achieving Success At Work And In Life One Conversation At A Time* [Conversas intensas: alcançando o sucesso no trabalho e na vida, uma conversa de cada vez], de Susan Scott, a qualidade da relação está ligada à qualidade das perguntas que você faz. Portanto, não aceite "Está tudo bem" como resposta final. Faça contato visual, mostre que entendeu o que ouviu e observe a linguagem corporal deles. Se o seu filho hesita em conversar, experimente fazer perguntas no carro para que ele possa evitar o contato visual ou quando vocês estiverem andando, brincando com algum jogo ou envolvidos em alguma atividade. É preciso que a conversa seja uma via de mão dupla, não um interrogatório ou palestra. Quando compartilhamos as vulnerabilidades, nossos filhos têm uma probabilidade muito maior de também expressar o que sentem.

PARCERIAS COM PROPÓSITO

É impossível fazer tudo sozinho na criação dos filhos. Os pais e mães sempre querem o melhor para as crianças, mas isso não significa que sempre sabemos o melhor jeito de realizar determinadas tarefas. Para realmente dar aos filhos o melhor que a vida tem a oferecer, às vezes precisamos ficar em segundo plano e deixar que eles aprendam com os mestres. É aí que entram as parcerias com propósito. Veja dois exemplos que ilustram essa questão. Quando está na hora de consertar o carro, procuro o mecânico; quando estou doente, vou ao médico. Não entendo muito bem de conserto de carros, e pesquisar doenças na internet me faz pensar que estou morrendo. É importante procurar profissionais para conseguir ajuda e apoio específicos.

Como pedir ajuda

Se o seu filho se interessa por programação e seu conhecimento não vai além de ligar o computador, ajude-o a encontrar informações ou indique alguém que tenha os conhecimentos necessários. Na era da tecnologia, é fácil encontrar essas pessoas. Da mesma forma, se o seu filho adora música mas esse não é o seu talento, ajude-o a encontrar um ótimo professor. O jeito mais fácil de dominar algo na vida é encontrar alguém que faz o que você gostaria de fazer e seguir a orientação dessa pessoa. Se você não puder ser o modelo para seu filho em determinada área, ajude-o a conseguir um mentor. Contudo, ter as informações certas é apenas uma parte da equação. O melhor é garantir que exista uma conexão verdadeira entre aluno e professor. Se você descobrir que seu filho não está entusiasmado com um professor específico, continue procurando até encontrar alguém que se encaixe perfeitamente no estilo dele.

Podemos ajudar o futuro dos nossos filhos ao escolher o tipo de pessoa que fará parte da vida deles. O grande palestrante motivacional Jim Rohm disse a famosa frase: "Você é a média das cinco pessoas com quem mais convive." Esse conceito se baseia na lei das médias, segundo a qual o resultado de qualquer situação será a média de todos os resultados possíveis. Quando as crianças são pequenas, elas passam a maior parte do tempo com a professora da creche, a babá ou talvez um parente. Você tem propósito ao escolher essas pessoas? Quem você está deliberadamente escolhendo para conviver com seus filhos?

Como contratar ajuda

Nos negócios, existe o seguinte mantra: demore para contratar, mas demita com rapidez. Adotei essa regra ao contratar pessoas para cuidar das crianças. Como nossos filhos são os seres mais importantes do mundo, sou bem criteriosa quando escolho quem vai cuidar deles. Conto com a ajuda de babás para fazer tudo o que preciso e ter tempo de recarregar as energias. Como nossas babás se tornam parte da família, levo essa decisão muito a sério. Também gosto de contratar babás ambiciosas, então já sei que elas não vão ficar conosco para sempre. Por isso, desenvolvi um sistema deliberado e com propósito para avaliar candidatas e sempre buscar novos talentos.

O processo é parecido com uma entrevista de emprego. Tive ótimos resultados recorrendo a um site especializado para encontrar babás. Outras fontes foram indicações de parentes, anúncios, cooperativas de babás entre amigos e empresas especializadas. O segredo é fazer a busca entre os nomes mais procurados e identificar estrategicamente as melhores opções. Pelo método da tentativa e erro, descobri que, quanto mais específica eu for ao descrever o emprego, melhores serão as respostas. Por exemplo, eu sabia que precisava buscar Tyler na escola três vezes por semana e incluí esse detalhe na descrição da vaga para definir as expectativas logo de cara. Isso afastou as que não poderiam se comprometer com esse horário ou não tinham um meio de transporte confiável.

Após receber algumas respostas, marco uma entrevista de vinte minutos por telefone com cada candidata para fazer uma avaliação inicial rápida. O objetivo dessa conversa é determinar se a pessoa tem o perfil para o trabalho e se nós simpatizamos uma com a outra. Se estiver otimista em relação à pessoa e suas qualificações, eu a convido a fazer uma avaliação de personalidade simples chamada DISC (que pode ser respondida gratuitamente em https://123test.com/disc-personality-test [em inglês]). Explico que o teste me ajuda a conhecer melhor a pessoa e peço para me enviar os resultados antes da entrevista presencial.

Essa avaliação tem dois objetivos. O mais óbvio é revelar o comportamento para definir se a pessoa combina com a nossa família. O segundo é ver o quanto ela é responsável e verificar se segue instruções corretamente. Se a candidata não me enviar os resultados, isso me diz *algo* sobre ela logo de cara. Sempre dou a todas o benefício da dúvida; então, se ficar realmente impressionada com a pessoa no telefone, eu mantenho a entrevista pessoalmente e peço para fazer a avaliação durante esse encontro.

Costumo marcar as entrevistas em um horário em que as crianças estejam em casa para ver como elas interagem com a babá em potencial. Durante a entrevista, faço todo tipo de pergunta, mas estou basicamente tentando descobrir se quero essa pessoa na vida da nossa família e o possível valor que ela vai trazer às crianças que eu não conseguiria. Por exemplo, nossa babá atual está cursando fonoaudiologia e sabe usar a linguagem de sinais. As crianças estão aprendendo alguns sinais com ela e ficam muito felizes ao ensiná-los a mim e a Mike. Se você pensou: "*É difícil encontrar profissionais qualificados para cuidar das crianças*", talvez não tenha feito a busca com um propósito. Ela exige esforço e foco da sua parte, mas como em qualquer sistema, gera dividendos na forma de liberdade a longo prazo.

PARCERIA COM AMIGOS

À medida que os filhos entram na idade escolar, vão passar mais tempo com os colegas do que com adultos. Embora você não possa escolher os amigos deles, certamente pode conhecê-los. E pode ser exigente em relação às pessoas com quem você convive, além de servir de exemplo ao ter relacionamentos saudáveis. Mike e eu procuramos conviver com indivíduos de mentalidade semelhante, e nossos filhos ganham o benefício da amizade com os filhos dos nossos amigos.

Mike e eu temos amigos em todo o país, então nossos filhos têm colegas de brincadeiras garantidos em vários lugares. Também temos um grupo forte de amigos onde moramos, e, mesmo frequentando escolas diferentes, as crianças se reúnem para brincar e literalmente cresceram juntas. Você pode abrir a casa e o coração para os amigos dos seus filhos e criar um lugar seguro, divertido e acolhedor para brincadeiras. Você pode se oferecer para receber os amigos deles em casa e aproveitar para conhecê-los. Convide-os para jantar, dê carona para eles até o futebol, o taekwondo, a aula de dança ou outras atividades que façam. Faça perguntas aos amigos deles e seja um ótimo ouvinte. Interaja com eles. Isso vai gerar relacionamentos saudáveis para inspirar seus filhos. Além disso, você vai descobrir informações úteis sobre a vida das crianças ao saber quem são os amigos delas e procurar saber se os valores familiares deles estão alinhados com os seus. E nunca se sabe o que você pode aprender sobre os seus filhos pela perspectiva dos amigos deles. Tudo isso vai ajudar você a fazer uma curadoria das melhores amizades para a sua família.

A importância de uma parceria de trabalho com o(a) parceiro(a) amoroso(a)

Em minha opinião, a parceria mais importante é a que você tem com seu(sua) parceiro(a) amoroso(a). É vital colocar esse relacionamento em primeiro lugar. Quando a parceria entre os pais não é forte e integrada, os filhos captam essa mensagem e colocam vocês um contra o outro. As crianças são mestres em negociação, e procuram atender às próprias necessidades e desejos, mesmo que isso crie conflitos. Não é culpa delas. O cérebro infantil ainda está em desenvolvimento, e você não pode esperar que elas entendam os relacionamentos adultos.

É nossa responsabilidade como pais viver uma relação de amor e respeito para inspirar nossos filhos. O melhor jeito de conseguir isso é cuidar, com propósito, do relacionamento com o(a) parceiro(a).

Aqui estão algumas sugestões para ações com propósito a fim de cuidar e fortalecer o seu casamento:

- Proteja o tempo com o(a) parceiro(a). Encontre tempo para fazer noites de namoro regulares e até para umas férias *sem* os filhos.
- Expressem gratidão um pelo outro todos os dias. Use seu diário e escreva três características que você ama e valoriza no(a) parceiro(a) e mostre para ele ou ela antes de sair para o trabalho de manhã. Pode ser algo tão simples como "Sinto gratidão por você ter colocado o lixo para fora ontem à noite para que eu não precisasse fazer isso" ou algo maior como "Você é um ótimo provedor para nossa família e eu valorizo isso."
- Mostrem generosidade e bondade um com o outro todos os dias. Mantenha o romance vivo ao deixar bilhetinhos amorosos para o cônjuge ou surpreenda-o com um presentinho atencioso.

- Crie um conjunto de valores para o relacionamento. Os nossos definem que o relacionamento precisa ser divertido, respeitoso, empolgado, de apoio mútuo e harmonioso. Esses valores guiam a forma como vocês se tratam. Recomendo que você estabeleça os seus valores com o(a) parceiro(a).
- Procurem terapia de casal quando necessário. Se você tem um problema que não consegue resolver, não é vergonha alguma recorrer a um profissional. Esta também pode ser uma parceria muito importante. Mike e eu estabelecemos os valores do nosso relacionamento durante uma sessão de terapia.
- Forme um grupo de amigos confiável de modo a não depender do parceiro para todo o apoio. O cônjuge e os filhos não podem ser todo o seu mundo. Encontre pessoas de mentalidade semelhante com quem você possa conviver e que lhe tragam alegria, e reserve um tempo para passar com elas. Por exemplo, Mike faz parte de um grupo de *mastermind* para homens chamado GoBundance (www.gobundance.com) e eu me comprometo a ter uma noite com as minhas amigas todo mês.
- Converse sobre os problemas em vez de sofrer em silêncio. Seu parceiro não consegue ler mentes. Se você tiver um problema, fale com ele ou ela.
- Procure soluções que funcionem para os dois. Sempre procure um resultado em que todos saiam ganhando.
- Tenha uma palavra ou frase para garantir um momento para si quando estiver com muita raiva. A nossa é "missão interna".
- Dividam suas missões e objetivos um com o outro.
- Mantenha a comunicação clara e aberta. O sistema que Mike e eu usamos é proteger um tempo semanal para fazer uma reunião de família e discutir a agenda, as finanças e tudo em que precisamos da ajuda ou opinião do outro. Também nos encontramos no fim de cada dia com o intuito de refletir e nos preparar para o dia seguinte.
- Às vezes o relacionamento amoroso com a outra pessoa termina, mas vocês ainda podem viver o amor por meio da aceitação. É comum as pessoas tolerarem comportamentos inadequados, traições ou agressões em relacionamentos e tentarem suportar tudo pelos filhos, mas isso não é

amor. Se essa for a sua situação, é melhor se amar o suficiente para seguir em frente e encontrar alguém que mereça o seu amor. Tolerar comportamentos inadequados de um cônjuge ou parceiro só o encoraja a continuar agindo dessa forma. É sempre melhor sair de um relacionamento tóxico.

CRIANÇAS COMO PARCEIRAS

As crianças também são ótimas parceiras. Quando você pede a ajuda do seu filho com um problema ou projeto, isso pode aumentar o nível de confiança entre vocês e fortalecer o valor que ele dá ao fato de ser integrante da família. Procure formas de criar uma parceria com seus filhos. Você vai ficar feliz por ter feito isso.

Por exemplo, Tyler ama ajudar a preparar o jantar, então eu deixo que ele corte todos os vegetais. Ele se sente bem porque contribui para colocar a comida na mesa e a refeição sai mais rápido. Demorou um tempo no começo, mas agora que ele sabe usar a faca, não precisa mais de supervisão, e o jantar leva menos tempo para ficar pronto. Ember também está aprendendo a ajudar na cozinha e recebe alimentos como azeitonas e abacates para cortar com uma faquinha de manteiga.

Conforme já mencionamos, outro momento bom para pedir a ajuda das crianças é na hora de criar os valores da sua família. Quanto mais você as envolve nesse processo, mais elas vão querer participar, facilitando a cooperação.

CONSIDERAÇÕES FINAIS SOBRE CRIAR OS FILHOS COM PROPÓSITO

Ser um pai ou mãe com propósito é uma questão de ter clareza sobre a visão da sua família, com expectativas e valores, além das parcerias e da comunicação. Lembre-se: para que seus filhos sejam maiores que você, é preciso se expandir e se transformar em uma pessoa inspiradora ao praticar os Salvadores de Vida todos os dias. Depois, você precisará se doar aos seus filhos, protegendo o tempo para conviver com eles e aprofundar os vínculos familiares. Como pais e mães, devemos conhecer nossos filhos melhor do que ninguém. Por fim, mantenha parcerias saudáveis para inspirar seus filhos e ensine a eles a visão e os valores da sua família. Quando você se torna um pai ou mãe com propósito, a vida dos seus filhos não fica mais à mercê da sorte ou do acaso, sendo criada em conjunto e de modo intencional.

PERFIL DE CRIAÇÃO DE FILHOS

Pat Flynn

Pat é empreendedor, blogueiro e criador de podcasts conhecido pelo site Smart Passive Income, onde conta os resultados de seus experimentos financeiros. O podcast *Smart Passive Income* está sempre entre os 10 melhores da categoria Negócios, no iTunes.

Pat é casado e tem dois filhos, um menino de 7 anos e uma menina de 3.

Como *O Milagre da Manhã* mudou a sua vida familiar?

Sempre fui uma pessoa noturna, mas comecei a perceber algumas mudanças bem rápidas quando passei a fazer o *Milagre da Manhã*. Em primeiro lugar, o meu humor melhorou. Além disso, eu me senti muito mais disposto durante o trabalho. Após um pouco de atividade física, meditação e gratidão, eu começava o dia renovado. Também senti que meu trabalho ficou muito mais significativo. Como estou mais bem-humorado, posso ser um pai melhor e estar 100% concentrado nas crianças.

MELHORES DICAS PARA CRIAR OS FILHOS

Praticar a gratidão e ensiná-la às crianças. Se meus filhos estão acordados, eles me veem fazer os Salvadores de Vida e eu falo com eles sobre os motivos da minha gratidão e por que isso é importante. Em vários momentos ao longo do dia, peço às crianças para me dizer pelo que elas são gratas a fim de criar o hábito nelas.

Manter uma perspectiva saudável. Muitos pais se perguntam: "Por que eu? Os filhos dos outros não fazem isso. Por que isso está acontecendo?". Tento lembrar que não é possível impedir o comportamento dos filhos, mas posso controlar as minhas reações. O jeito como reajo quando eles são desobedientes é como eles vão reagir quando outras pessoas não agirem como eles querem. Sempre tento liderar pelo exemplo.

Criar uma comunidade com outros pais. É muito importante ter outros pais e mães para se aconselhar e trocar histórias. Esse aspecto comunitário é fundamental. Minha esposa e eu temos sorte, porque muitos dos nossos amigos têm filhos da mesma idade que os nossos.

Dica de meditação para pais e mães. Eu uso um dispositivo chamado *Muse* para me ajudar a meditar. É uma faixa de cabeça com sensores que leem a atividade cerebral. Ela se conecta ao Calm, um aplicativo de celular que avisa quando você entra em estado meditativo.

Manter sempre a união. Quando minha esposa decide fazer algo, mesmo que eu não goste da ideia, nós não discordamos na frente das crianças. Nunca dizemos: "Ah, ele não merecia isso"; preferimos conversar sobre isso depois, em particular, e sempre sendo muito abertos um com o outro.

Envolver-se nas brincadeiras. Nós gostamos de brincar de faz de conta. Deixamos as crianças escolherem uma situação e dizer como devemos atuar nessas cenas. Às vezes, deixamos que elas tenham liberdade total. Isso é muito divertido, pois quando veem um adulto engatinhando e agindo como um elefante, elas sabem que é hora de brincar. No começo, tive dificuldade para me sentir bem sendo bobo, mas descobri que, quanto mais bobo eu sou, mais abraços eu ganho e mais me aproximo dos meus filhos, porque estou falando a linguagem deles.

Usar uma agenda. Comecei a agendar o meu *Milagre da Manhã*, pois descobri que os compromissos são feitos quando estão na agenda. Coloque o *Milagre da Manhã* no alto da sua lista para não deixar de fazê-lo.

CONSIDERAÇÕES FINAIS

A regra de ouro ainda se aplica, e tem a ver com o que ensino no ramo empresarial. Os ganhos são o subproduto do quanto você atende bem ao seu público. Eu digo aos meus filhos: "O mundo devolve o que você oferece." Então, vamos dar grandiosidade ao mundo e tratar as pessoas com bondade, para que elas nos tratem da mesma forma.

PERFIL DE CRIAÇÃO DE FILHOS

Mary Lynn Snow

Mary Lynn é enfermeira-chefe em tempo integral e mãe de três filhos, dois meninos de 7 e 2 anos e uma menina de 5. O marido de Mary Lynn, Ryan Snow, é coautor de *The Miracle Morning for Salespeople* [*O Milagre da Manhã para profissionais de vendas*].

Dividindo o *Milagre da Manhã* com as crianças

Nosso filho mais velho é um ótimo participante do *Milagre da Manhã*. Ele escreveu as próprias afirmações, está ganhando confiança e sente orgulho ao dizê-las todos os dias. Ele também se junta a Ryan e a mim quando estamos lendo, meditando ou fazendo exercícios físicos, e gosta muito dessa parte. Na semana passada, assim que acordou, ele veio correndo e começou a se exercitar no meio da nossa série. Foi até engraçado!

MELHORES DICAS PARA CRIAR OS FILHOS

Não se esquecer de brincar. Eu trabalho em tempo integral, então quando volto para casa, tento dedicar um tempo só para eles, seja brincando ou lendo antes de irem para a cama. Oferecer uma convivência de qualidade, seja lá de que tipo for, é a forma de incorporar a brincadeira na vida deles.

Usar disciplina positiva. Se nossos filhos forem desobedientes ou mal educados, nós os fazemos repetir afirmações do tipo "Eu sou/estou", com uma repetição para cada ano de vida, e acredito que tenha sido uma mudança bem positiva para eles. Por exemplo, se o nosso filho foi grosseiro com a irmã, fazemos com que ele repita "Eu sou gentil" sete vezes.

Passar momentos sozinhos com os filhos. Em geral, dedicamos uma noite específica a isso. Eu levo uma das crianças e Ryan fica com as outras duas para continuar a interação individual com elas. A ideia é que elas saibam o quanto são especiais para nós e que estão recebendo esse tempo específico e de qualidade.

Ter propósito. *O Milagre da Manhã* nos tornou mais organizados, calmos e pacientes, então isso ajuda a ter propósito na criação dos nossos filhos. A prática também nos ajudou a lembrar que eles estão sempre aprendendo e crescendo.

Cada criança é singular. As crianças ainda estão aprendendo, então ser rígido demais e aplicar muitas punições não é o jeito certo de lidar com elas. Tentamos manter em mente que cada um dos nossos filhos é singular, e precisamos tratá-los de acordo. O estilo de aprendizado de cada um é diferente, então o que funciona para um pode não funcionar para o outro.

Encontrar boas fontes de pesquisa. Um livro que li e de que gostei muito, pois descrevia perfeitamente meu filho mais velho, é *Raising Your Spirited Child: A Guide For Parents Whose Child Is More Intense, Sensitive, Perceptive, Persistent And Energetic* [Como lidar com crianças agitadas: um guia para pais cujos filhos são mais intensos, sensíveis, perceptíveis, persistentes e cheios de energia], de Mary Sheedy Kurcinka. Meu filho realmente tem muita energia e aprende de um jeito um pouco diferente das outras crianças. O livro vai lembrar que você não é a única pessoa que tem um filho cheio de energia passando por dificuldades para criá-lo. É uma ótima fonte de apoio.

Criar parcerias saudáveis. Considero que minha parceria mais importante é com Ryan, e parte dela é improvisada. As crianças vão para a cama e nós avaliamos como foi o dia. Se descobrirmos algo que poderíamos ter feito melhor ou oportunidades de aperfeiçoamento durante o dia, vamos planejar para resolver essas questões, o que sempre vale a pena. É bom falar disso, mas é preciso ter um plano de ação. Nós fazemos muito isso e também cultivamos o relacionamento, com noites de namoro e uma escapadinha noturna ocasional, o que é sempre ótimo. Se nós dois não estivéssemos no mesmo ritmo, a unidade familiar não funcionaria adequadamente.

Falar de dinheiro. Nós conversamos sobre contas bancárias, poupar dinheiro e ter propósito com os gastos com o nosso filho de sete anos, mas poderíamos ser melhores nisso e estamos buscando formas de nos aperfeiçoar nessa área.

As crianças são adaptáveis. Uma grande conquista foi ajudar o nosso filho mais velho a aprender a andar de bicicleta. Ele caiu incontáveis vezes, mas continuou tentando. Após três ou quatro dias, ele finalmente conseguiu aprender e ficou todo orgulhoso! Foi incrível observar sua capacidade de adaptação e resistência.

HISTÓRIA DE SUCESSO NA CRIAÇÃO DOS FILHOS

Nosso filho tem transtorno do pânico, e isso estava afetando sua vida social e seu rendimento escolar. Juntos, Ryan e eu colocamos um plano em prática para levá-lo a um psicólogo. A meditação e as afirmações também foram muito importantes para deixá-lo mais centrado. Ele tem muita energia, então fazer todo um esquema envolvendo métodos tradicionais e alguns não tradicionais ajudou a acalmá-lo, tanto que ele não tem um ataque de pânico há mais de um ano!

CONSIDERAÇÕES FINAIS

Só quero dizer uma coisa a todos os pais ou mães que estão lendo: vocês não estão sozinhos(as). Eu me senti sozinha quando comecei a enfrentar algumas dessas dificuldades com meu filho, quando ele teve ataques de pânico. Na escola, acharam que ele não conseguiria aprender a ler, e agora meu filho é ótimo em leitura. Vocês não estão sós. Procurem orientação na escola ou na sua comunidade. Sempre existe alguém para ajudar, redirecionar seu foco e oferecer apoio.

Capítulo 8

SEGUNDA HABILIDADE PARA UMA CRIAÇÃO EXCEPCIONAL:

Bom humor

Muito se fala sobre brincar como um alívio do aprendizado sério, mas, para as crianças, brincar é um aprendizado sério. Na verdade, brincar é o trabalho da infância.

— Fred Rogers, ator da famosa série
Mr. Rogers' Neighborhood

Quando foi a última vez que você brincou com seus filhos? Às vezes ficamos tão envolvidos com a rotina da vida adulta, como trabalho, administração da casa, matricular as crianças em todas as atividades extracurriculares, ser líder dos escoteiros e treinar o time de futebol que sobra pouco tempo para brincadeiras. Contudo, todos nós sabemos que brincar tem um papel importante no desenvolvimento infantil saudável. Ao brincar, as crianças mais novas aprendem habilidades sociais, coordenação motora fina e grossa, além de resoluções de problemas, pensamentos críticos e criatividade. Elas exploram o mundo por meio das brincadeiras, e isso também é importante para os adultos!

No livro *Play: How it Shapes the Brain, Opens the Imagination and Invigorates the Soul* [Brincar: como isso modela o cérebro, abre a imaginação e revigora a alma], o Dr. Stuart Brown diz: "A brincadeira é um estado mental e não uma atividade. Lembre-se da definição de brincar: uma atividade atraente e prazerosa que suspende a noção de tempo, a inibição e aparenta não ter propósito. É algo que costuma ser iniciado pela própria pessoa, e quem brinca geralmente quer repetir com frequência. É preciso se colocar no estado emocional adequado para brincar." O que é brincadeira para uma pessoa pode ser trabalho árduo para outra. Você pode ficar muito feliz ao mexer com jardinagem, enquanto outra pessoa pode achar uma tortura. Isso significa que todos nós precisamos definir o que é brincar em termos individuais. Só existe uma certeza: você vai se sentir incrível quando brincar de verdade.

OS VÁRIOS BENEFÍCIOS DE BRINCAR

Não é segredo que brincar traz muitos benefícios, tanto para crianças quanto para adultos. Foi provado que brincar libera endorfinas capazes de produzir uma sensação geral de bem-estar e até de reduzir temporariamente dores físicas. A brincadeira também melhora a função cerebral. Jogos como xadrez ou quebra-cabeças desafiam o cérebro e estimulam a memória. Quando olhamos para um problema com um espírito brincalhão, muitas vezes encontramos soluções inovadoras. Como disse Einstein: "Não podemos resolver problemas usando o mesmo tipo de pensamento que tivemos para criá-los."

Ao brincar, nós fortalecemos nossas conexões com outras pessoas. As brincadeiras podem quebrar o gelo com desconhecidos, além de acrescentar humor a uma situação que seria estressante. Brincar aumenta a disposição, a vitalidade e até melhora a resistência a doenças, ajudando você a se sentir melhor. Nas palavras de George Bernard Shaw: "Não paramos de brincar porque envelhecemos; envelhecemos porque paramos de brincar."

Talvez você se surpreenda, mas brincar é um ingrediente vital para manter relacionamentos saudáveis. As crianças mais novas vão se comportar como os adultos na vida deles. Se deixarmos tudo leve e divertido, nossos filhos farão o mesmo. Por outro lado, se ficarmos constantemente estressados perto das crianças, brigando com nosso parceiro, elas vão adotar o mesmo comportamento. É preciso brincar não só com os filhos, como também com o(a) parceiro(a). Do mesmo modo que brincar com as crianças ajuda no desenvolvimento e cria um vínculo duradouro com elas, brincar com o cônjuge mantém o frescor do relacionamento e aprofunda a intimidade. Em resumo: brincar é divertido e pode ser imensamente prazeroso se nos dermos a oportunidade para isso.

DICAS INCRÍVEIS PARA BRINCAR COM AS CRIANÇAS

Podemos brincar de várias formas. Brincar sozinho é tão importante quanto brincar com crianças da mesma idade, e se divertir com os pais alimenta o relacionamento familiar, que é essencial.

Aqui estão algumas dicas úteis para estimular brincadeiras com seus filhos:

1. **Criar horários regulares para brincar.** Crie o hábito de brincar com seus filhos todos os dias ou em um horário fixo semanal. Por exemplo, Mike brinca com as crianças todos os dias após o jantar por meia hora enquanto eu limpo a cozinha e descanso um pouco. As crianças já esperam esse momento com o pai e ficam ansiosas por isso todos os dias.
2. **Livrar-se de distrações.** Deixe de lado o celular, desligue a televisão e afaste-se do computador. Quando damos atenção total aos nossos filhos, eles se sentem especiais.
3. **Não forçar.** A brincadeira deixa de ser divertida quando é forçada. Se o seu filho não estiver se divertindo com uma atividade, experimente outra. As regras nem sempre precisam ser seguidas. Se você estiver brincando com um jogo de tabuleiro e a criança está com dificuldade, invente novas regras.

4. **Repetição é bom.** As crianças mais novas adoram ler o mesmo livro ou brincar com o mesmo jogo várias vezes. Talvez não seja o seu conceito de diversão, mas vai ajudá-las a aprender e criar um relacionamento carinhoso entre vocês. Então, vá fundo! Elas não vão querer brincar de Candy Land para sempre.
5. **Deixar as crianças liderarem.** Em vez de controlar a brincadeira, participe dela. Se o seu filho adora brincar de faz de conta, permita que ele diga quem você é e faça perguntas para ajudá-lo a criar a cena. Deixe também que ele estabeleça as regras e determine o ritmo. Ember ama fazer papel de mãe e dizer que nós somos os filhos. É divertido inverter os papéis.
6. **Não ter medo de se sujar.** Sente-se no chão, corra na chuva ou se suje de terra. Imite a brincadeira dos seus filhos: se eles estiverem rolando no chão, faça o mesmo. Se gritarem, iguale a intensidade deles. Desde que ninguém se machuque, não há problema em se empolgar e se emporcalhar!
7. **Brincar com segurança.** Tudo é divertido até alguém se machucar. Se houver alguma regra ou equipamento de segurança para um jogo, verifique se a criança entendeu o conceito a fim de evitar lesões. Por exemplo, se você estiver em um parque com balanços, avise seu filho para não andar perto demais deles; se a criança quiser andar de bicicleta, exija o uso do capacete.
8. **Realizar brincadeiras adequadas à idade.** Se algo for difícil ou fácil demais, seu filho vai perder o interesse rapidamente. No entanto, ao brincar com crianças de idades diferentes, use jogos voltados para os mais novos. Se um jogo for difícil demais, muitas vezes vai levar as crianças às lágrimas, o que não vai ser divertido para ninguém.

Nunca é tarde para voltar à infância e apreciar uma boa diversão. Quando éramos pequenos, todos nós brincávamos naturalmente. Então, por mais que as preocupações adultas sejam muitas, não se esqueça de brincar. Como disseram vários pais que entrevistei para este livro, brincar com os filhos é o jeito mais fácil de voltar à felicidade.

Nos últimos anos, os livros de colorir para adultos apareceram, e foram sucesso de vendas. Brianna Greenspan criou um livro incrível feito para adultos e crianças chamado *The Miracle Morning Art of Affirmations*, com afirmações positivas que os pais podem pintar com os filhos. Depois você pode recortá-las e colocar em um quadro de visualização ou pendurá-las nas paredes. É um ótimo jeito de envolver as crianças no ato de criar e repetir afirmações, e pode ser adquirido na Amazon.

Para os adultos, a necessidade de brincar não é óbvia e lembra a necessidade de descanso sobre a qual falamos no Capítulo 5 (engenharia de energia), mas as pesquisas são claras ao dizer que brincar é importante para os adultos. Precisamos ficar mais leves, perder o medo do que os outros vão pensar e apreciar o tempo que temos aqui na Terra.

Um dos momentos mais divertidos que me lembro de ter vivido com Tyler foi durante uma festa em casa. Nós alugamos um escorregador inflável para as crianças brincarem durante a festa, mas caiu um temporal e ninguém tinha trazido uma muda extra de roupa ou trajes de banho. Como Tyler ficou triste porque não iria brincar no escorregador, pedi licença para me ausentar dos deveres de anfitriã e pedi para Tyler vestir uma sunga. Coloquei um maiô e nós fizemos a festa brincando em nosso toboágua gigante. Quando cansamos de nos divertir e voltamos à festa, muitas pessoas comentaram a expressão de pura alegria que tínhamos no rosto. Nós perdemos a noção do tempo e vivemos totalmente o momento, sem nos preocupar com o que os convidados iriam pensar. Estava claro que nós queríamos estar juntos na chuva, criando essa lembrança.

CONEXÃO ENERGÉTICA

Manter um *mindset* bem-humorado vai ajudar você a se soltar. Como adultos, frequentemente vivemos no passado ou nos preocupamos com o futuro, então nos apressamos e fazemos o mesmo com nossos filhos. Sobra pouco tempo para a flexibilidade. Quanto mais jovens forem os seus filhos, mais presentes e mais conectados a você eles estarão. As crianças estão energeticamente ligadas aos pais até os dois anos de idade.

Experimente fazer o seguinte: olhe o feed do Facebook no Natal e preste atenção ao rosto das crianças que estão no colo do Papai Noel. Se tiverem menos de 2 anos, é quase certo não estarem felizes. Por quê? É muito provável que os pais estejam nervosos e com medo da criança chorar, estragando a foto e, consequentemente, os cartões de Natal. Eles também podem estar chateados por ter esperado tanto tempo na fila ou preocupados com os germes que o Papai Noel pode transmitir ao filho. Não importa quais emoções os pais estejam sentindo, o bebê também as sente. Por volta dos 3 anos, as fotos mudam e as crianças estão sorrindo de orelha a orelha, pois finalmente entenderam que o cara de roupa vermelha traz presentes para elas!

O fato de as crianças (especialmente as menores) serem tão ligadas aos pais torna bastante desafiador reservar tempo para o seu *Milagre da Manhã*. Assim que começar a acordar mais cedo para fazer os Salvadores de Vida, existe uma boa chance do seu filho estar logo atrás de você, então o que um pai ou mãe bem-intencionado pode fazer? A resposta resumida é: manter a flexibilidade, o bom humor e lembrar-se de que isso também vai passar.

COMO ENCONTRAR UMA SOLUÇÃO CRIATIVA

Quando me comprometi com o *Milagre da Manhã*, eu estava empolgada. Coloquei o alarme do celular para tocar mais cedo, levantei, fiz os Salvadores de Vida e senti que nada iria me impedir. Até uma semana depois, quando nossa filha mais nova começou a aparecer e me interromper. Minha primeira reação foi colocá-la na frente da TV para conseguir fazer o *Milagre da Manhã* em paz. Foi um grande erro! Sim, eu consegui terminar em paz, mas depois foi um inferno quando tentei afastá-la da TV e arrumá-la para o dia que teria pela frente. A ideia seguinte foi deixá-la brincar quietinha na sala enquanto eu fazia a minha prática, o que funcionou muito melhor. Sim, ela ainda me interrompia, mas eu expliquei o que estava fazendo e dei o aviso: para ficar comigo, ela precisaria brincar sozinha enquanto eu terminava.

Deu certo! Quando descartei a TV e ela se entediou ao brincar sozinha todas as manhãs, minha filha voltou a acordar no horário normal. E eu descobri um benefício extra que não tinha previsto. Ela começou a fazer perguntas sobre o que eu estava fazendo e, mais importante: POR QUÊ? Isso me deu a oportunidade de articular exatamente os motivos de fazer essa prática (especialmente porque ela repetia a pergunta algumas vezes a cada manhã).

Quando as crianças perceberam o quanto eu fiquei mais paciente e bem-humorada por ter crescido ao fazer os Salvadores de Vida, elas também quiseram participar. Comecei devagar. Primeiro expliquei o significado de cada um dos Salvadores de Vida e os deixei à vontade para fazer o que desejassem com essas informações. Usei os poemas escritos no meio da noite que citei na Introdução deste livro para ajudá-los a entender. Eu não queria sobrecarregá-los e nem que parecesse uma tarefa; a ideia era transformar a prática em algo divertido e que eles escolheriam fazer sozinhos.

Agora, nossos filhos estão fazendo o *Milagre da Manhã* há quase um ano. O mais velho (com 7 anos) progrediu a ponto de só precisar de um lembrete para começar, e a mais nova, de 3 anos, ainda precisa da nossa participação ativa na maior parte de suas atividades.

ENCANTOS DE VIDA

Após cerca de um mês fazendo os Salvadores de Vida, Tyler perguntou: "Mamãe, por que preciso salvar minha vida?" Expliquei que, quando Hal escreveu *O Milagre da Manhã,* ele usou as práticas para literalmente salvar a vida dele, e por isso as batizou de Salvadores de Vida. Meu filho teve dificuldade para se identificar com o termo, então, como o próprio Hal sugere no livro, nós personalizamos o *Milagre da Manhã* para atender às necessidades dele. Tyler e eu pegamos um pedaço de papel, escrevemos todas as palavras dos Salvadores de Vida e começamos a brincar com elas.

Como Ember ainda não conhecia as letras, em vez da Escrita, nós usávamos a Criatividade no horário dedicado à escrita, então começamos por aí: Criatividade. Para nós, as Afirmações não poderiam ser mudadas, então mantivemos o nome. Como quase toda criança, as nossas têm dificuldade para ficar quietas, e a maior parte da meditação era feita na forma guiada, então decidimos unir o silêncio e a visualização na categoria Meditação. Depois, expandimos a parte dos exercícios físicos para incluir um café da manhã saudável e a rebatizamos de Saúde. Queríamos manter seis práticas, então acrescentamos o Serviço, por ser algo importante para nós e que gostaríamos de estimular em nossos filhos.

Após reunir as atividades, nós as batizamos de Encantos de Vida. Tyler ficou muito feliz com o novo nome. Além disso, ele ajudou a criar sua própria rotina do *Milagre da Manhã* e estava ansioso para começar! Envolver as crianças no ritual matinal do *Milagre da Manhã* também foi a solução que encontramos para evitar interrupções.

Se você experimentar essa prática com seus filhos, lembre-se de ser flexível e de perdoar a si mesmo e a eles. Não é uma questão de perfeição, e sim de prepará-los para *querer* fazer as atividades. Se as crianças forem mais velhas, podem tomar a decisão de acordar cedo para fazer os Encantos de vida, mas eu não recomendaria obrigá-los a isso. Nossos filhos sempre tiveram a escolha de fazer ou não os Encantos, mas eles só podem ver TV ou qualquer aparelho eletrônico após fazer todos os seis. Às vezes leva o dia inteiro para que eles façam todo o Milagre da Manhã.

CRIATIVIDADE

Criatividade é usar a imaginação a fim de criar algo novo.
Crie.
É o que nascemos para fazer.
O que está dentro de você?

Observe seus filhos. O que é brincar para eles? O que mais parece trabalho? Quando você conhece os interesses deles, pode guiá-los para atividades das quais eles vão gostar de participar por conta própria. Para Ember, é brincar de faz de conta. Ela adora brincar com a casa de bonecas, os bichos de pelúcia, a cozinha de brinquedo ou fingir que está se maquiando sozinha por algum tempo. Já Tyler é do tipo que aprende na prática, então prefere o Lego, brincadeiras ao ar livre, quebra-cabeças, desenhar ou construir alguma coisa. Para os seus filhos, pode ser tocar música, cantar, escrever ou fazer qualquer tipo de arte. Desde que eles usem a mente para fazer algo que amam, está valendo! Quando pegam o jeito, as crianças podem expandir os interesses, descobrindo algo novo que gostariam de explorar. Tudo isso é perfeitamente natural e criativo.

Falei muito sobre aumentar as brincadeiras neste capítulo. Brincar alimenta a criatividade e vice-versa. Quando permitimos que as crianças tenham um espaço seguro para se expressar de modo criativo, as paixões nascem. Deixe que elas encontrem o caminho no fundo da própria imaginação.

SAÚDE

Saúde é mexer o corpo e nutri-lo com alimentos saudáveis.
A saúde tem a ver com o seu corpo.
Mexa-o, tire-o do lugar,
Encha-o de grandeza.

Como já mencionei, os exercícios físicos são importantíssimos para a saúde, e a nutrição é igualmente essencial. Com a obesidade infantil em alta e o estilo de vida mais corrido das famílias, as crianças não estão recebendo o que precisam em termos nutricionais. Começar o dia fazendo uma refeição com alto teor de proteínas comprovadamente nos satisfaz por mais tempo e nos leva a ingerir menos calorias no almoço, além de impedir o aumento da gordura corporal, reduzir o desejo de comer doce ao longo do dia e estabilizar o nível de glicose no sangue. Portanto, capriche nos ovos com bacon e fuja dos cereais e doces com alto teor de açúcar e carboidratos. Um estudo feito pela Universidade de Cardiff com cinco mil crianças entre 9 e 11 anos de idade mostrou que as crianças têm uma probabilidade duas vezes maior de tirar notas acima da média se iniciarem o dia com um café da manhã saudável. Um estudo australiano feito com mais de quinhentos professores revelou que alunos perdem duas horas de aprendizado por dia se não tomarem café da manhã devido à incapacidade de se concentrar e dos problemas de comportamento relacionados à fome. A pesquisa confirma: tomar um café da manhã saudável é uma ótima ideia!

Quando se trata de exercícios físicos e crianças, é importante deixar tudo divertido e não exagerar. Os ossos infantis ainda estão crescendo, então eles não precisam trabalhar com pesos. Em casa, nós gostamos de brincadeiras que envolvam exercícios físicos. Por exemplo, brincamos de Batatinha Frita 1, 2, 3 ou Seu Mestre Mandou com a mais nova, e Tyler adora quando criamos pistas de obstáculos para ele. Também investimos em camas elásticas pequenas para que as crianças possam pular à vontade sem destruir nossos móveis. Se você sabe que seu filho tem uma atividade física no dia, como educação física, treino de futebol ou aula de dança, deixe o exercício matinal leve e divertido só para fazer o sangue fluir. Se possível, faça os exercícios ao ar livre para que eles recebam o bônus da vitamina D e do ar fresco.

Os exercícios também podem ser ótimos para fortalecer os vínculos familiares. Nós temos orgulho de levar uma vida bem ativa e não usamos nossos filhos como desculpa para entrar no sedentarismo. Como diz Jim Rhon, "Se você não cuidar do próprio corpo, onde vai morar?".

Nos fins de semana, quando temos mais tempo, gostamos de fazer os exercícios em família. Mike organiza um ótimo jogo de frisbee uma vez por mês, e nós chamamos as crianças para se divertir conosco. Além disso, gostamos de fazer trilhas, andar de bicicleta e fazer passeios de caiaque em família. Ember ainda é muito pequena, mas Tyler faz aulas aeróbicas comigo na academia (e geralmente se dedica mais que os adultos). Ioga também é um ótimo exercício familiar. Até os bebês podem ser incorporados às posições. Existe uma série maravilhosa no YouTube chamada *Cosmic Kids Yoga*.

AFIRMAÇÕES

Esta é uma declaração positiva do tipo EU SOU OU ESTOU.
Afirmação é
uma palavra grande para gritar aos quatro ventos
Quem eu escolho ser.

Acredito que é melhor usar afirmações curtas para crianças mais novas. Declarações simples e positivas do tipo *Eu sou/estou* funcionam maravilhosamente bem. Ajude seus filhos a criar livros de afirmações com as próprias palavras. Essa foi a prática de criatividade de Taylor no primeiro mês em que fez os Encantos de Vida. Ele seguiu o alfabeto e escolheu uma palavra com a qual se identificava para cada letra, e depois fez um desenho representando a palavra. Por ser mais nova, Ember precisa de mais ajuda com as afirmações. Escolhi as palavras e ela ainda precisa terminar os desenhos, mas cada criança trabalha no seu ritmo. À medida que seus filhos forem crescendo e começarem a definir os próprios objetivos, você pode ajudá-los a criar afirmações voltadas para as ambições específicas de cada um usando a fórmula da seção Salvadores de Vida deste livro.

Existem ótimos livros infantis que abordam a força das afirmações. Alguns dos meus favoritos são:

- *Eu Penso, eu sou! Ensinando às crianças o poder das afirmações*, de Louise Hay.
- *Unstoppable Me! 10 Ways To Soar Through Life* [Imbatível! Dez maneiras de voar pela vida], do Dr. Wayne W. Dyer e Kristina Tracy.
- *I AM a Lovable ME! (I Am a Lovable Me!)* [Eu sou digno de amor], de Sharon R. Penchina e Stuart Hoffman.
- *Just Because I Am: A Child's Book Of Affirmation*, [Só porque eu sou: um livro de afirmações para crianças], de Lauren Murphy Payne, com ilustrações de Claudia Rohling. Ambas são assistentes sociais.

Também descobri um livro de afirmações da UncommonGoods.com chamado *M is for Me* [E de Eu], que você pode personalizar com o nome do seu filho na capa.

Às vezes as crianças dão um trabalho enorme para repetir as afirmações, então aqui estão algumas dicas que aprendi por meio do método da tentativa e erro. Use as afirmações para brincar de "eco": você fala primeiro e elas repetem. Experimente usar vozes engraçadas ou fantoches. Elas podem cantar as afirmações ao ritmo da música "Se você está contente bata palmas", mudando a letra para as afirmações delas. Por exemplo, se uma afirmação é "Eu sou grato", eles podem cantar "Se você for grato e souber disso, diga sim, eu sou grato" etc. Também existem canções gravadas [em inglês] que incluem afirmações nas letras. Alguns exemplos são: "Grateful", de Brotha James, "Radiate", de Jack Johnson, "Living in the Moment", de Jason Mraz, "I Am the Light of My Soul", de Snatam Kaur, "We Are Okay", de Joshua Radin, "What a Wonderful World", de Louis Armstrong, "Imagine", de John Lennon, "Don't Worry, Be Happy", de Bobby McFerrin, "Man in the Mirror", de Michael Jackson, e muitas outras. Você pode procurar versões dessas músicas no seu idioma ou canções nacionais que tenham mensagens de gratidão. Lembre-se: mantenha a criatividade, a flexibilidade e o clima de brincadeira. Se tudo isso falhar, tente de novo mais tarde ou no dia seguinte!

LEITURA

Que história você vai ler hoje?
Um livro em minhas mãos;
A leitura é uma aventura
Que eu posso fazer de novo...
E de novo e de novo também!

A leitura é autoexplicativa, mas se o seu filho ainda não lê sozinho, você ou um irmão mais velho pode ajudar nessa tarefa. Outra opção são os audiolivros. Em nossa casa, não é permitido ver TV ou brincar com qualquer aparelho eletrônico até que todos os Encantos de Vida sejam feitos, mas ouvir uma história e fazer meditação guiada são as exceções. A leitura é a base do aprendizado, e estudos mostram que ler para seu filho desde o nascimento vai dar a ele grandes vantagens na vida. É importante ler com a criança, mesmo que ela já saiba ler sozinha. Veja alguns benefícios de ler em conjunto:

- **Ter boas lembranças da infância.** Por mais clichê que possa parecer, as crianças crescem rápido demais! Os recém-nascidos logo viram bebês, que começam a engatinhar, depois vão à pré-escola, e, quando você pisca, eles foram embora para a faculdade. Aproveite enquanto eles querem se aconchegar no sofá para ler um livro com você. Se você transformar a leitura em uma atividade regular, vai virar uma tradição e um momento relaxante que vocês passarão juntos.
- **Melhorar o aprendizado.** Uma das principais vantagens de ler para os bebês e as crianças na pré-escola é gerar uma forte propensão para o aprendizado em geral. Estudos mostram que, quando adultos leem para crianças antes de entrarem na escola, elas têm maior probabilidade de tirar boas notas em todas as áreas do ensino formal.
- **Aperfeiçoar a fala.** Ouvir o idioma é uma das atividades mais importantes que os bebês podem fazer. Crianças pequenas podem entender a linguagem em nível muito maior do que conseguem expressar. Quando você lê para o seu filho que ainda não fala, ajuda a desenvolver sua linguagem crítica e sua dicção. Eles aprendem enquanto ouvem. Com o tempo, vão acabar "lendo" os livros que já ouviram tantas vezes, e as crianças em idade pré-escolar podem até começar a pronunciar palavras sozinhas.
- **Entender o ambiente em que estão.** Nem o bebê mais inteligente entende como um livro funciona. Ao ler com seu filho no colo, ele entende que as palavras no papel representam algo, e aprende que o texto e as imagens são separados. Se você passar o dedo pelo texto enquanto lê, ele vai entender que as palavras fluem da esquerda para a direita. É importante conhecer essas habilidades antes de aprender a ler.

- **Melhorar as habilidades sociais.** Muitos livros para crianças pequenas apresentam os comportamentos sociais aceitáveis e ensinam a se expressar para os outros de forma saudável. As crianças aprendem a dividir, ter compaixão e empatia ao ver como os personagens de um livro interagem entre si. Fazer perguntas sobre o livro durante a leitura mantém a criança envolvida e ajuda a assimilar as lições da história.
- **Aperfeiçoar o pensamento lógico.** Enquanto seu filho que está engatinhando ou em idade pré-escolar começa a relacionar o que ouve nos livros com o que acontece no mundo ao redor, ele fica mais empolgado em relação às histórias que você conta. Ler para crianças aumenta a capacidade de entender conceitos abstratos, aplicar a lógica a várias situações, reconhecer a relação de causa e efeito e usar o bom senso.
- **Aceitar novas experiências mais rapidamente.** Quando seu filho é jovem, ele vai ter muitas primeiras experiências. Isso geralmente começa na escola ou creche, o que pode ser assustador. Se pudermos ajudá-los a entender o processo por meio de uma história, eles podem aceitar melhor uma situação nova. Vá à biblioteca do seu bairro e procure livros que ajudem a deixá-los mais tranquilos em relação a ir ao dentista, visitar os parentes, entrar em um avião, e por aí vai.
- **Aumentar o foco e a disciplina.** As crianças menores podem ficar inquietas e se distrair na hora da história, mas acabam pegando o gosto pela atividade e ficando quietas ao longo da sessão. Aumentar o intervalo de atenção melhora a compreensão de leitura, a disciplina e a memória, o que vai ser muito útil para seu filho no ambiente educacional.
- **Entender que ler é divertido!** Quanto mais cedo você começar a ler para seu filho, mais rápido ele vai aprender que a leitura não é uma tarefa. As crianças que ouvem histórias quando bebês têm probabilidade muito maior de escolher livros em comparação com outras formas de entretenimento quando começarem a ler sozinhas.

Não interrompa a atividade quando seu filho estiver lendo sozinho. Em média, o nível de leitura das crianças só se iguala à habilidade de ouvir na oitava série. Quando lemos com os filhos mais velhos, podemos ajudá-los a resolver problemas antes que eles apareçam na vida real. Por exemplo, seu filho pode ir para os últimos anos do ensino fundamental no ano que vem e vivenciar a troca de sala, talvez de escola, e pode ser que precise usar um armário. Vocês podem ler um livro sobre alguém nessa situação e depois fazer perguntas sobre a história. Essa é uma tática muito melhor do que fazer uma palestra, algo que o seu filho vai ignorar.

Como disse Jim Trelease, autor de *The Read-Aloud Handbook* [Manual da leitura em voz alta], "Quando vocês conversam sobre um livro, não é uma palestra, é mais como um treinador vendo um vídeo com seus jogadores, analisando as jogadas para encontrar o que deu certo e o que deu errado." Também pode ser um ótimo jeito de se unir graças aos interesses em comum. Antes de viajar, nós gostamos de ler para as crianças livros sobre o lugar para onde vamos. Quando chegamos lá, os dois já aprenderam um pouco sobre o destino.

MEDITAÇÃO

Acalme-se e fique quieto.
Meditar não é difícil,
basta respirar fundo
e acalmar a mente.

O Dalai Lama disse: "Se todas as crianças de 8 anos do mundo aprenderem a meditar, nós vamos eliminar a violência do mundo em uma geração." Concordo plenamente com ele e também acredito que você pode começar até antes dos 8 anos. Comecei minha jornada de meditação quando Tyler era um bebê. Eu costumava meditar enquanto o amamentava, e Mike começou a meditar com ele na hora de dormir por volta dos 3 anos. Pouco tempo depois de começar essas meditações noturnas, Mike perguntou a Tyler como era meditar para ele e ouviu como resposta: "Meu cérebro começa a brilhar, depois ele explode e eu ganho um cérebro novo." As crianças entendem de modo inato a meditação. Para elas, não é algo estranho ou complexo. É fácil e natural. Quanto mais novas são as crianças, mais rápido elas aprendem a meditar.

O jeito mais fácil de começar a meditar é por meio da meditação guiada ou ativa. O YouTube é uma ótima fonte gratuita para encontrar meditação guiada destinada às crianças. Com a meditação guiada, a mente consciente recebe um trabalho para fazer (visualizar, concentrar-se em um mantra ou na respiração) que dá acesso à mente subconsciente. Outra maneira fácil de estimular a atenção plena em crianças é ensiná-las a fazer a meditação andando. Os movimentos lentos e ritmados ajudam a acalmar a mente. Se o seu filho anda até um ponto de ônibus de manhã, faça-o usar a atenção plena para isso; prestem atenção ao que ouvem, veem e sentem durante a caminhada. Se você andar com ele, também pode praticar e dizer em voz alta o que vê, sente e ouve. O segredo é andar de modo consciente e absorver a experiência do mundo exterior. É incrível o que você vai observar.

Um jeito divertido de ajudar seu filho a ficar consciente da própria respiração é deixá-lo deitado de barriga para cima e colocar um brinquedinho em cima da barriga dele. Peça à criança para inspirar profundamente e ver o brinquedo subir; quando ela expirar, o brinquedo vai descer. Faça-a inspirar e expirar profundamente várias vezes enquanto se concentra no sobe e desce do brinquedo. Outro truque é pedir para ela fingir que os dedos erguidos são velas de aniversário. Peça a ela para inspirar e soprar cada um deles individualmente. Ela também pode formar uma tigela com as mãos. Depois diga para respirar fundo, inspirando e expirando lentamente de modo a encher a tigela imaginária.

Quando Tyler pegou gosto pela meditação e seus benefícios, ele começou a meditar cada vez mais por conta própria. Em uma viagem de carro para a aula de taekwondo, Mike olhou pelo retrovisor, pensou que Tyler tivesse dormido e perguntou: "Ei, garotão, você está acordado?" Tyler abriu os olhos calmamente e disse em tom casual: "Sim, pai, eu só estava meditando." Às vezes, Tyler se senta embaixo de uma árvore em posição de lótus para meditar enquanto espera o ônibus da escola. Ele até criou a própria meditação, que chama de "Bolas douradas que encolhem", na qual considera qualquer pensamento negativo ou medo como uma bola dourada e depois imagina essas bolas diminuindo até sumirem de vez. Isso geralmente leva no máximo trinta segundos, mas, aos 7 anos, ele ainda não tem muitos pensamentos negativos. As crianças vivem naturalmente no presente, então não precisam ficar sentadas em silêncio por longos períodos de tempo para se beneficiar da meditação. Expor a ideia e ensiná-las a fazer práticas simples de atenção plena já é mais do que suficiente. Assim, elas pelo menos terão consciência dessas ferramentas para gerenciar o estresse para usar quando crescerem e as exigências da vida ficarem mais intensas.

SERVIÇO

Quando ajudamos os outros, também nos sentimos bem.
Dê uma mãozinha.
Limpe a sua bagunça, alimente o cachorro
ou simplesmente conviva.

Segundo Mahatma Gandhi: "O melhor jeito de se encontrar é se perder servindo aos outros". As crianças hoje têm fama de serem egoístas e preguiçosas, mas não acho que seja assim. Eu acredito que as crianças não têm muitas oportunidades para servir. Na era dos "pais helicóptero", estamos fazendo um desserviço aos filhos quando não permitimos que eles façam algo para si mesmos e para os outros. Pesquisas recentes mostram que empatia e compaixão fazem parte de nós desde o nascimento. Em um estudo, pesquisadores entraram em uma sala carregando vários objetos e deixaram cair um pregador. Mesmo com dificuldade para alcançar o objeto caído, os participantes de 1 ano rapidamente vinham ajudar os adultos, às vezes até superando obstáculos para fazer isso. Se os pesquisadores jogavam o pregador de propósito, as crianças tinham uma probabilidade muito menor de vir em auxílio deles. Em outro estudo feito com bebês de seis meses, os mais jovens viam imagens de bichos de pelúcia em que um era malvado com o outro. Diante da escolha de um dos brinquedos para brincar, as crianças majoritariamente preferiam o brinquedo "bonzinho".

Outros estudos indicam que os centros de recompensa do cérebro são ativados quando alguém usa dinheiro para comprar um presente para outra pessoa. É bom servir aos outros, e não é preciso qualquer recompensa extra (exceto talvez um agradecimento).

Acredito que as crianças precisam fazer algumas tarefas domésticas, mas não devem ser pagas pelo trabalho. Afinal, a mamãe e o papai fazem as tarefas da casa e não são pagos para isso. As crianças também devem ajudar. Pense na idade da criança ao atribuir as tarefas, mas até um bebê de 2 anos pode colocar a roupa suja em um cesto e ajudar a guardar os brinquedos em uma caixa específica. Sim, pode exigir muito tempo ensinar as tarefas para as crianças, mas se não fizermos isso, impediremos que elas tenham a ótima sensação de se sentir úteis. Pode ser muito frustrante quando você estiver tentando sair de casa de manhã e a sua filha insistir em calçar os próprios sapatos, mas, a longo prazo, vai deixar sua vida mais fácil. Se você dedicar um tempo a isso na infância, eles vão aprender a enfrentar desafios e problemas maiores enquanto crescem. Quando forem adolescentes, poderão decidir arranjar um emprego formal para assumir mais responsabilidades.

Existem muitas formas de mostrar aos seus filhos como servir aos outros. Aqui estão algumas:

- Fazer pequenos gestos de bondade, incluindo sorrir para alguém, elogiar ou doar brinquedos.
- Estimular seus filhos a ter ideias para ajudar no bairro em que moram.
- Ajudá-los a vender brigadeiros com o intuito de arrecadar dinheiro para alguma organização de caridade importante para eles.
- Fazer trabalho voluntário juntos em organizações sem fins lucrativos.
- Usar sites de voluntariado para encontrar oportunidades na sua região que estejam abertas para famílias ou crianças.

Tyler e eu nos oferecemos para limpar parques locais, organizar doações e fragmentar papéis para um abrigo de pessoas sem-teto, além de limpar sapatos para a fundação Cradles to Crayons. Tyler também ajuda o nosso hospital local por meio da escola de taekwondo e já pediu doações pelo bairro. Com o grupo de lobinhos, ele coletou alimentos enlatados para os menos favorecidos e foi voluntário em um asilo da região para fazer trabalhos de arte com os idosos. O grupo GoBundance, de Mike, em parceria com a organização sem fins lucrativos 1Life Fully Lived (1LifeFullyLived.org), arrecada perus todo ano para o Dia de Ação de Graças, e as crianças ajudam a empacotar as refeições e entregá-las às famílias menos favorecidas. Em 2014, primeiro ano da empreitada, eles alimentaram trezentas famílias, e no ano seguinte foram mil famílias. Se você quiser ajudar a causa, visite TurkeyBundance.org (100% das doações vão para as refeições).

Existem muitas formas de inspirar seus filhos a servir ao outro, mas a melhor (como acontece em vários casos) é inspirá-los com suas próprias ações. Se quisermos criar filhos com compaixão, precisamos demonstrá-la.

OUTRAS DICAS E TRUQUES

Durante o processo de apresentar nossos filhos ao *Milagre da Manhã* e praticá-lo em família, aprendemos o que funciona para nós. Veja algumas dicas e truques diretamente das trincheiras.

- **Levantar pelo menos meia hora antes dos seus filhos.** Comece o *Milagre da Manhã* pelo que for mais importante ou mais difícil de fazer com as crianças acordadas. Hal recomenda ir fundo no Salvador de Vida mais importante para você caso não haja tempo para fazer todos (e eu concordo).
- **Perdoar-se caso você precise pular um dia ou modificar o seu *Milagre da Manhã*.** Você pode ter uma prática ideal em mente, mas se o seu filho acordar no meio da noite porque está com medo, precisa fazer xixi, está doente ou por algum outro motivo, não tem problema modificar sua prática (e acredito que seja até melhor). Alguns pais dividem os Salvadores de Vida e os fazem ao longo do dia até con-

seguir ter uma agenda consistente. Segundo o amigo e sócio de Hal, Jon Berghoff, o melhor método para definir objetivos é o que você realmente usa. Isso também vale para a prática do *Milagre da Manhã*.

- **Mesclar os Salvadores ou Encantos de Vida.** Nossos filhos adoram repetir as afirmações enquanto pulam na cama elástica ou fazem outros exercícios. Eles também podem unir a criatividade à saúde. Para a criatividade, peço para eles criarem os próprios exercícios. A saúde e o serviço podem ser mesclados se o serviço for fazer o café da manhã da família ou preparar um lanche saudável para um dos irmãos. A meditação e a saúde podem ser combinadas se eles fizerem a meditação caminhando ou praticarem ioga. E eles também podem unir leitura e serviço ao ler para um irmão mais novo. As possibilidades são infinitas!
- **Transformar os Encantos em um jogo.** Nós montamos um dado para os Encantos; então, quando as crianças não conseguem escolher qual deles querem fazer primeiro, basta jogar o dado, que toma a decisão por elas. Vá até TMMbook.com e faça o download grátis desse dado para imprimir em casa (recomendo usar papelão para deixá-lo mais resistente). Nesse site também existe uma tabela dos Encantos para que os filhos possam acompanhá-los por conta própria. Tyler fica muito feliz riscando os Encantos feitos a cada manhã. Plastifiquei o nosso para que as crianças possam usar canetas que apagam e reutilizá-lo a cada semana.
- **Ajudar as crianças a se organizar.** Tyler e Ember têm caixas de *O Milagre da Manhã* onde guardam tudo de que precisam (eu usei uma caixa comum, dessas que você pode comprar em qualquer loja ou reaproveitar). A caixa guarda o dado dos Encantos, o livro caseiro de afirmações, um livro à escolha deles para ler, algo para escrever, um diário em branco para a criatividade e uma ampulheta de um minuto. A ampulheta pode ser usada em vários Encantos. Nós a usamos muito para a saúde, fazendo um exercício até acabar ampulheta, depois a viramos e fazemos de novo. Você também pode usar a ampulheta como prática de meditação. Faça as crianças se concentrarem na areia que cai. Quando meus filhos estão resistentes à criatividade, peço a eles

para fazer algo criativo por um minuto e viro a ampulheta. Quando a areia cai, eles já estão envolvidos na atividade. Se você for uma pessoa mais tecnológica, pode usar aplicativos de timer. Nós gostamos do *Num piscar de olhos*, disponível para iOS, mas você pode procurar outras opções de timers divertidos para Android.

A FLEXIBILIDADE É ESSENCIAL

É importante ter flexibilidade com o *Milagre da Manhã* quando você têm vidas jovens que precisam de sua atenção carinhosa no início do dia, mas não é só isso. Flexibilidade também significa seguir o fluxo da vida e ouvir aquela voz calma que existe dentro de todos nós. Mesmo quando você faz o *Milagre da Manhã* inteiro logo que acorda, é ótimo fazer uma autoanálise ao longo do dia para garantir que ainda está no caminho certo. Mike e eu gostamos de definir uma intenção para o dia durante o *Milagre da Manhã*, e depois, naquele mesmo dia, nós conferimos para ver se ainda estamos vivendo essa intenção.

No cérebro humano, os neurônios que disparam juntos trabalham juntos. É por isso que o seu filho de 3 anos sempre quer sentar na mesma mesa do restaurante (e tem um ataque de birra se outra pessoa estiver sentada na *nossa* mesa). Se você levar sua filha para tomar sorvete depois do primeiro jogo de futebol, ela vai esperar por isso depois de cada jogo. É assim que os hábitos são criados, o que pode economizar muito tempo a longo prazo. Usando esse princípio, você pode associar atividades que faz diariamente a essa autoanálise. Por exemplo, eu lavo a louça todos os dias (às vezes mais de uma vez ao dia). Sempre que estou na pia, a sensação da água quente nas mãos me lembra de pensar nos motivos para sentir gratidão. Enquanto tiro a comida dos pratos, imagino minhas dúvidas, medos e preocupações descendo pelo ralo junto com a água. Depois, quando ligo o triturador de lixo, imagino os pensamentos negativos sendo totalmente eliminados da minha mente. Podemos criar rituais ao longo do dia sem qualquer esforço extra; basta usar a atenção plena e manter o bom humor. E podemos ensinar nossos filhos a fazer o mesmo.

Outra parte de ser flexível é escolher as brigas que terá com os filhos. Nosso bom amigo e autor de *Power of Identity* [Poder da identidade], Rock Thomas, diz: "Quem é mais flexível ganha." Concordo com ele, especialmente quando se trata de lidar com os filhos. As crianças pequenas não costumam ser muito flexíveis. Quando cismam com algo, pode ser muito difícil fazê-las mudar de ideia. Muitas vezes é melhor trocar de abordagem do que entrar em uma disputa pelo poder com seus filhos.

Ember tem o nome certo, cujo significado é "brasa". Muito antes do nascimento dela, uma amiga intuitiva disse que teríamos uma menina que seria "espoleta". Escolhemos o nome com base nesse sentimento, e ela certamente é uma criança que sabe o que quer! Como Ember detesta ouvir "não", aprendemos a ser flexíveis e bem-humorados com ela, encontrando outras formas de comunicação.

Nas artes marciais, aprendemos a usar a energia do oponente contra ele mesmo. Isso é mais eficaz do que resistir ou contra-atacar. Quando acabamos com a dificuldade durante um conflito, podemos seguir o fluxo, permitindo que a energia das crianças passe pelo problema sem estar no centro do conflito. Às vezes, é a nossa resistência que perpetua esse conflito; então, se você não der um motivo para o seu filho se rebelar, a resistência vai sumir. Imagine duas mãos se empurrando uma contra a outra. Quando uma das mãos é removida, a outra está livre e pode ir para a frente sem problemas.

Descobri que deixar as expectativas claras como pais ajuda a criança a se lembrar de que nós estamos no comando. Por exemplo, em nossa casa as crianças podem ver TV e usar outros aparelhos eletrônicos por apenas duas horas por dia. Elas escolhem quando vão usar esse tempo e em qual dispositivo (somente após terminar os Encantos de Vida), mas, quando as duas horas se passaram, acabou. Elas não gostam de ouvir que não podem mais usar os eletrônicos naquele dia, mas também sabem que não vão conseguir mais tempo, então não se aborrecem com isso. Quando colocamos essa regra em vigor, houve uma resistência imensa por parte das crianças, mas, após algumas semanas de absoluta clareza em relação a esse limite, elas pararam de brigar conosco. Nós deixamos de ser vilões e a regra passou a ser a normalidade.

CONSIDERAÇÕES FINAIS SOBRE O BOM HUMOR

Brincar é uma válvula de escape importante contra o estresse, tanto para crianças quanto para os pais. Quando brincamos juntos, fortalecemos o vínculo familiar e temos a oportunidade de ser bobos e vulneráveis. O lar é o melhor lugar para inventar brincadeiras e manter o bom humor. Também é um jeito divertido de começar o dia. Criar os Encantos de Vida com Tyler foi uma das melhores vitórias que tive como mãe.

Recomendo que você se divirta com a rotina de *O Milagre da Manhã*, que converse com seus filhos sobre as mudanças que está fazendo e permita que eles recebam o presente de praticar também. A beleza do *Milagre da Manhã* é justamente não ser igual para todos. Adapte o método e descubra o que funciona para você e sua família.

HISTÓRIAS DE SUCESSO

Veja o que outros pais fizeram para ser flexíveis com o *Milagre da Manhã* e seus filhos.

Sarah Dena, do Reino Unido: "Após um fim de semana longe da prática do *Milagre da Manhã* (planejado e por escolha), sou grata por estar de volta! Hoje minha filha mais velha acordou cedo [...], logo após o meu alarme das 5 horas. Ela decidiu ler no quarto, mas não durou muito e em pouco tempo estava ao meu lado enquanto eu fazia ioga. Ela ouviu as minhas afirmações, mas as visualizações pareceram entediá-la, então ela foi para o quarto de brincar, ligou o som [...] e começou a imitar cenas do filme *Mamma Mia*. Me senti grata. A aparição dela durante o 'meu momento' me distraiu e frustrou, mas deixei para lá e mantive o compromisso com a prática matinal. A última frase que li foi 'Gratidão, sempre' de *Grande magia*, de Elizabeth Gilbert. Quando fui para o quarto de brincar, vi minha filha usando o microfone para falar as próprias afirmações! Eu a deixei viver aquele momento. Foi lindo!"

Elana Carr: "Minha filha tem 3 anos e geralmente dorme até às 8 horas, então eu levanto por volta das 5 horas. Nos dias em que ela está acordada, fazemos atividades juntas. Rezamos, dizemos as afirmações e eu pergunto o que ela quer quando nós... (seja lá qual for o motivo da minha visualização). Enquanto ela desenha, eu escrevo; enquanto ela está relaxando, eu leio, e depois nós pulamos juntas para fazer o sangue fluir. Pode levar mais de uma hora para terminar, mas eu faço."

Vica Hickmann: "Quando tentei fazer o *Milagre da Manhã* pela primeira vez, minha filha caçula (de 3 anos) começou a levantar cada vez mais cedo e eu desisti. Mas agora consegui um parceiro de responsabilização e nós começamos o desafio de trinta dias. Estou fazendo tudo no quarto para não acordar minha filha, e está dando certo. Deixo tudo pronto e uso o celular para fazer a meditação, os exercícios (no aplicativo *7 Minute Workout*) e as afirmações. Também estamos usando o livro *Pode Causar Milagres: seis semanas para mudar de vida e conquistar a felicidade plena*, de Gabby Bernstein."

Deixo meus elogios a essas mães incríveis, porque estão agindo e sendo excelentes modelos de comportamento para os filhos!

PERFIL DE CRIAÇÃO DE FILHOS

Ursula Elrod

Ursula é uma mãe que fica em casa em tempo integral com os dois filhos, de 7 e 4 anos. Há sete anos ela vive um casamento feliz com Hal Elrod, autor de *O Milagre da Manhã*.

FILOSOFIA PARA CRIAÇÃO DE FILHOS

Quero criar filhos que não precisem se recuperar da infância. Ser mãe ou pai com propósito é garantir que você está criando pessoas que não vão precisar de terapia nem levar seus problemas para a criação dos próprios filhos mais adiante.

Partilhar *O Milagre da Manhã* com os filhos. Minha filha é fã da parte dos exercícios porque adora fazer ioga, e meu filho ama fazer a ginástica de sete minutos com Hal. Ele até pede: "Pai, vamos fazer a ginástica de sete minutos." É ótimo.

Dica de afirmações para crianças. Alguns amigos nos mostraram o Affirmation Alligator (Jacaré das Afirmações, em tradução livre). Eles fizeram um jacaré usando uma caixa de sapatos velha e uma caixa de lenços. Todas as manhãs, as crianças colocam a mão na boca do jacaré e tiram a afirmação do dia. Veja as instruções em: http://tinyurl.com/hnj7lsx [em inglês].

MELHORES DICAS PARA CRIAR OS FILHOS

A disciplina pode ser feita em tom de brincadeira. Não tenho uma carreira tradicional fora de casa. Meu trabalho são meus filhos. Quando faço o *Milagre da Manhã*, fico mais presente e consciente de como preciso ser. Lido com tudo de um jeito bem-humorado, até mesmo com a disciplina. Um dos livros que li diz que as crianças podem liberar o estresse de duas formas: rindo ou chorando. Geralmente elas choram por causa dos pais. O pai ou mãe que se descontrola causa o choro dos filhos. Quando algo frustrante que pode levá-los ao riso ou ao choro acontece, tento fazer meus filhos rirem. E questiono: como mostrar a eles que a vida não é tão séria assim e que não precisamos nos estressar com isso?

Livre-se dos estilos ultrapassados de criação de filhos. Acho que todos nós somos culpados por cair em velhos hábitos de criação de filhos devido à nossa própria criação. Graças a *O Milagre da Manhã*, estou descobrindo que posso criar meus filhos de um jeito diferente do qual fui criada. Estou encontrando maneiras de ser melhor como mãe e de não criar filhos no piloto automático. Existem muitos pais que brincam no Facebook dizendo: "Ah, se meus filhos não fossem fofos, eu bateria neles." É triste que façamos piada sobre perder a paciência com as crianças quando na verdade precisamos estar presentes porque elas crescem muito rápido.

É bom deixar nossos filhos terem um pouco de dificuldade. Na minha opinião, não estamos fazendo nenhum favor às crianças ao protegê-las e cuidar de tudo. Deixe que elas se machuquem e tenham um pouco de dificuldade. Como diz a frase: "Quando a lagarta pensou que o mundo tinha acabado, ela virou uma linda borboleta." Para virar essa borboleta, ela teve que lutar. Seus filhos ficarão muito mais realizados e dispostos a experimentar atividades novas sabendo que vão conseguir realizá-las.

Comemore as conquistas deles, independentemente do tamanho. Sempre que as crianças fizerem alguma coisa e conquistarem algo novo, reconheça isso. Quando minha filha começou a andar de bicicleta sem as rodinhas, ela ficou muito empolgada e mal podia esperar até Hal voltar para casa para mostrar a ele e contar tudo a respeito. Quando meu filho aprendeu a nadar, ficou doido para mostrar ao pai. Essas conquistas são muito grandes para eles, então é preciso deixá-los sentir toda essa alegria.

Cuide do seu casamento. O negócio é o seguinte: você vai amar seus filhos incondicionalmente, não importa o que aconteça. Por outro lado, você precisa trabalhar o relacionamento com seu parceiro, especialmente quando os filhos chegam, porque tudo fica estressante. A vida se transforma em um caos repleto de atividades extracurriculares, férias, familiares e tudo mais.

ÓTIMOS MATERIAIS DE PESQUISA PARA CRIAÇÃO DE FILHOS

Um dos livros que recomendo é *Screamfree Parenting: The Revolutionary Approach To Raising Your Kids By Keeping Your Cool* [Pais sem gritos: a abordagem revolucionária para criar seus filhos e manter a cabeça fria], de Hal Edward Runkel. Também gosto de *As cinco linguagens do amor das crianças*, de Gary Chapman e Ross Campbell, um guia para fazê-las se sentir amadas. Todos ouvem a mensagem do amor de modo diferente, seja recebendo presentes, palavras de afirmação ou de outras formas. O livro ajuda você a descobrir qual é a linguagem do amor dos seus filhos.

HISTÓRIA DE SUCESSO NA CRIAÇÃO DOS FILHOS

Nós fizemos um programa híbrido de educação domiciliar com nossa filha para o jardim da infância, e a semana anterior foi um pouco estressante. Ela precisou terminar todos os deveres de casa para se formar no jardim de infância. Meu filho, sendo o irmão caçula incrível que é, disse: "Tudo bem, eu vou fazer meu dever com você." Peguei um livro da pré-escola para ele trabalhar. Os dois se divertiram muito fazendo a lição, brincando e apostando: “Quem consegue fazer o dever mais rápido?” Quando ela se estressava, ele dizia: “Eu faço isso com você.”

CONSIDERAÇÕES FINAIS

Quando você realmente deixa entrar o que é bom, também recebe muita positividade. É incrível ver como é possível construir laços familiares fortes reservando tempo e fazendo um esforço para ser um pai ou mãe melhor.

PERFIL DE CRIAÇÃO DE FILHOS

Jon Berghoff

Jon começou a carreira como distribuidor da Cutco Cutlery, conquistando a liderança em vendas no primeiro ano de emprego. Há mais de uma década, Jon descobriu, testou e ensinou métodos de vendas e estratégias de influência. Seus treinamentos interativos alcançaram mais de 75 mil alunos de vários países. Ele também fez mais de 3.500 atendimentos particulares de coaching para clientes de mais cem profissões e ofícios.

Jon é casado e tem três filhos, de 2, 4 e 6 anos de idade.

FILOSOFIA PARA CRIAÇÃO DE FILHOS

Reconheça que seus filhos sempre vão aprender com você. Tudo o que eu faço é um tipo de treinamento para os meus filhos. Eu costumava dar pequenas palestras a eles, pequenas lições de vida de três a cinco minutos. Nas primeiras vezes que fiz isso, pensei: "*Por que eles não estão reagindo de maneira profunda?*" Bom, uma criança de 5 anos pode não ser capaz de exteriorizar uma resposta. Percebi que, independentemente da reação deles, o conteúdo é assimilado. Se eu perguntar ao meu filho algo profundo e esperar uma resposta no mesmo nível, 99 vezes a cada cem ele vai responder falando de super-heróis; até que um belo dia, de repente, consigo uma resposta profunda e aprendo que a lição foi assimilada nas 99 vezes anteriores.

MELHORES DICAS PARA CRIAR OS FILHOS

Conviva com eles. Não é questão de quantidade, e sim de qualidade. Isso não significa que a qualidade sempre seja tão boa quanto eu gostaria, mas eu me preocupo com isso.

Crie estratégias. Eu me pergunto o tempo todo: como posso envolver meus filhos em atividades em que seria mais fácil não envolvê-los? Por exemplo, exercícios físicos. Posso dar uma desculpa ou então envolvê-los na minha rotina de exercícios. Se eu colocar pesos embaixo do carrinho de bebê quando saio com as crianças, posso fazer um exercício intenso e meus filhos nem vão perceber. Eles vão achar que estamos correndo pela floresta a caminho do playground.

Esteja disposto a aprender com eles. Ter filhos deu um sentido inédito a minha vida. Eles me ensinaram a ser humilde em relação à forma de ver o mundo.

Preste atenção. Acho que, provavelmente, muitos pais e mães estão apenas tentando sobreviver a cada dia. Eles não percebem que os filhos refletem tanto as maiores fraquezas quanto os pontos fortes de quem os cria. Essa é uma ótima oportunidade de aprendizado. Se você prestar atenção, poderá usar essas informações para se desenvolver como pessoa e se transformar em um pai ou mãe melhor.

HISTÓRIA DE SUCESSO NA CRIAÇÃO DOS FILHOS

Meu filho não gosta de futebol, um esporte no qual eu era muito bom. Isso foi difícil para mim, mas precisei entender que cada criança tem um ritmo individual e singular. Elas se interessam no tempo delas, não é algo que possamos controlar. Minha esposa e eu decidimos que vamos expor as crianças a tudo o que elas desejem, independentemente da nossa opinião.

Nós mudamos o modo de pensar e direcionamos o foco para a criança. Agora, perguntamos: do que eles estão gostando e no que eles são bons? Isso nos ajudou a parar de colocá-los em ambientes onde não se sentem bem e descobrir onde eles preferem estar.

CONSIDERAÇÕES FINAIS

Lembre-se da impermanência de tudo. Minha filha só vai ter 40 anos uma vez. É muito fácil ver tudo o que é frustrante e dizer que mal posso esperar até ela ter 8 anos. Tento me lembrar de que existem características nessa idade que nunca mais vou vivenciar. Seja a inocência ou uma capacidade de brincar, cada etapa tem a própria beleza. Se ficarmos constantemente esperando eles passarem pela fase atual, nós nos desligamos. Reconecte-se com o que é bom na fase que eles estão vivendo agora. Aprecie cada momento e deixe isso bem claro para eles.

Capítulo 9

TERCEIRA HABILIDADE PARA UMA CRIAÇÃO EXCEPCIONAL:

Perspectiva

O que você vê e ouve depende muito de onde você está, e depende também do tipo de pessoa que você é.

— C.S. Lewis, romancista e poeta britânico, mais conhecido por *As crônicas de Nárnia*

Vou contar uma experiência recente que tive com minha filha. Começou assim:

— Quero usar o meu vestido de festa!

— Mas Ember, nós vamos esquiar.

— Eu não ligo! Eu quero usar o meu vestido de festa!

Por que é tão difícil entender o raciocínio dos nossos filhos? E que estratégias podem ser usadas para ajudar na comunicação eficaz? Tenho informações interessantes para você que poderão ajudar a lidar melhor com um ataque de birra da próxima vez. E tudo é questão de perspectiva.

Como adultos, frequentemente temos dificuldade para ver o mundo do mesmo jeito que nossos filhos. Isso acontece porque literalmente vemos as situações de modo diferente. A palavra "perspectiva" vem do latim e significa "olhar através, perceber". A sua perspectiva é a sua forma de ver o mundo. A menos que seus filhos estejam com vinte e poucos anos ou mais, o cérebro deles ainda não se desenvolveu totalmente, portanto, eles têm uma perspectiva diferente de nós, adultos. Para que vejamos as situações como eles, é bom saber um pouco mais sobre o funcionamento do cérebro.

No livro *O cérebro da criança*, o Dr. Daniel J. Segel e a ph.D. Tina Payne Bryson explicam o cérebro em termos básicos usando uma casa como analogia. O "cérebro do andar de baixo" é composto pelo tronco cerebral e pela região límbica, que controla as funções involuntárias do corpo, como as batidas do coração, a respiração, suas reações e emoções fortes. O "cérebro do andar de cima" é composto pelo córtex pré-frontal, onde acontecem as funções mais sofisticadas do pensamento, planejamento e imaginação.

Os autores detalham a analogia da seguinte forma:

Mesmo querendo ajudar a construir essa escada metafórica no cérebro do nosso filho, existem dois motivos importantes para ter expectativas realistas quando se trata de integração. A primeira é em termos de desenvolvimento: embora o cérebro do andar de baixo esteja bem desenvolvido até o nascimento, o cérebro do andar de cima só está totalmente maduro quando a pessoa chega aos vinte e poucos anos. Na verdade, é uma das últimas partes do cérebro a se desenvolver. O cérebro do andar de cima continua em construção pelos primeiros anos de vida, e depois passa por uma reconstrução extensiva durante a adolescência, que dura até a vida adulta.

Isso lembra o filme *Divertida mente*. A protagonista, Riley, tem cinco emoções no quartel-general (o cérebro dela): Alegria, Tristeza, Medo, Raiva e Nojo. Ela também tem quatro "Ilhas da personalidade", que fazem Riley ser quem é como indivíduo. Ela nasce com a Alegria, as outras quatro emoções aparecem logo depois (o cérebro do andar de baixo) e as Ilhas da personalidade se desenvolvem nos primeiros anos de vida (o início do cérebro do andar de cima). Riley passa por dificuldades porque ela se muda para o outro lado do país com a família, então perde a Alegria e a Tristeza, junto com todas as Ilhas da personalidade. No fim do filme, Riley (agora com 12 anos) recebe um painel atualizado (que controla suas emoções) e desenvolve novas Ilhas de personalidade. Na puberdade, todos nós temos um grande projeto de construção acontecendo no cérebro do andar de cima.

Nem os adolescentes, que parecem tão crescidos por fora, têm o mesmo poder cerebral ou experiência dos adultos. Os adolescentes usam o córtex pré-frontal para tomar decisões em termos de risco e analisam muito suas opções (às vezes com cuidado, outras nem tanto), levando o dobro de tempo para decidir, se comparados aos adultos. Isso acontece porque nós, adultos, tomamos tantas decisões na vida que delegamos essa tarefa a outra parte do cérebro para que elas sejam quase automáticas. Se você pedir a um adulto para tomar uma decisão que envolva risco substancial ou perigo de lesão, ele provavelmente vai dizer não rapidamente. Os adolescentes, por outro lado, são motivados por possíveis recompensas e muitas vezes ignoram as consequências potencialmente perigosas. Mesmo que os adolescentes consigam desacelerar e usar a parte de raciocínio do cérebro para tomar a decisão, a probabilidade de dizerem sim ainda é maior que a dos adultos.

O outro principal motivo pelo qual precisamos ter expectativas realistas quando se trata do cérebro dos nossos filhos tem a ver com uma parte específica do cérebro do andar de baixo, a amígdala. Os autores descrevem a amígdala como um pequeno portão que pode nos prender no andar de baixo. Para manter o tema da casa, eu diria que é como um sistema de segurança. Quando o sistema de segurança começa a tocar o alarme, não importa o que aconteceu: todos levantam e entram em ação sem pensar. É isso que a amígdala faz: permite que o corpo aja sem pensar. A amígdala é a responsável pela reação de lutar, fugir ou congelar. Os adultos também podem entrar em modo reativo, mas temos um córtex pré-frontal em pleno funcionamento para nos ajudar a voltar ao raciocínio lógico. Após o choque inicial, quando o sistema de segurança desliga, podemos calmamente digitar o código para trazer a ordem de volta à casa. Para as crianças, quando o sistema de segurança desliga, elas podem não saber o código e precisar da nossa ajuda para desligar e acalmar o sistema nervoso.

Além de o cérebro infantil ainda estar em desenvolvimento, existe uma parte dele que pode interromper totalmente o funcionamento do cérebro do andar de cima. Sabendo disso, faz sentido que não seja possível argumentar com Ember quando ela quer usar o vestido de festa para esquiar na neve. Eu posso dizer a ela todos os motivos lógicos pelos quais esse desejo não faz sentido, mas o sistema de segurança está berrando em seu ouvido, e Ember não consegue me ouvir.

Porém, nem tudo está perdido. Existem técnicas para ajudar as crianças a desligar o sistema de segurança, que funcionam com a ajuda do cérebro superior. Da próxima vez que seu filho tiver um ataque de raiva, experimente estas técnicas:

- **Toque físico:** para desligar o sistema de segurança da casa, você precisa digitar um número em um teclado. O toque também é surpreendentemente eficaz para acalmar seres humanos. Segurar a mão da sua filha, dar um abraço ou caminhar com ela às vezes pode ser exatamente o que ela precisa para desligar o alarme e pensar de novo.
- **Usar a resolução de problemas:** fazer perguntas que levam a criança a pensar é outra estratégia. Quando acontece um conflito, podemos perguntar a solução para ela. A criança geralmente não gosta de receber ordens; então, em vez de dizer o que ela devem fazer, podemos pedir a opinião delas para facilitar sua adesão.
- **Apresentar opções:** outra excelente atitude (especialmente com os mais jovens) é dar a eles algumas opções, oferecendo uma sensação de independência sem sobrecarregá-los.
- **Usar o humor:** uma técnica para diminuir a intensidade de conflitos é envolver o senso de humor da criança. Se você puder deixar o clima mais leve fazendo-a rir, vai afastar a sensação de ameaça e gerar um estado mental mais calmo. Algo que fazemos com muita frequência quando nossos filhos estão ranzinzas é dizer: "É melhor você não rir", o que sempre funciona.

Eu sei que você está se perguntando como eu resolvi a situação quando minha filha se aborreceu por causa do vestido de festa. Veja o que fiz: peguei Ember no colo, abracei-a com força e a girei no ar, o que a fez rir. Depois que ela se acalmou, perguntei:

— Você já viu alguém esquiar com vestido de festa?

Ember respondeu:

— Sim, na minha revista.

Ela estava se referindo à revista *High Five*. Um passatempo na revista se chama "Isso é muito bobo!" e tinha um cenário de neve no qual ela pensou ter visto alguém esquiando com um vestido de festa. Fui buscar a revista e pedi a Ember para me mostrar a página. Nós vimos muitas imagens engraçadas, mas ninguém esquiando com um vestido de festa. Pedi a ela para apontar o que era bobo na página. Ember mostrou pessoas usando roupas de banho na neve para pegar sol, um gato dirigindo um carro, uma casa feita de pão de mel e esquilos brincando de jogo da velha. Nós rimos de todas essas situações divertidas, então eu perguntei:

— Você acha que esquiar usando vestido de festa é bobo?

Ela respondeu que sim, rindo. Àquela altura, conseguimos escolher tranquilamente as roupas adequadas e continuar com o dia. Sim, isso levou tempo, mas a outra opção certamente acabaria em gritos, lágrimas e mágoas de ambos os lados.

Falei um pouco sobre o papel dos neurônios espelho nas visualizações na parte dos Salvadores de Vida, mas eles também são muito bons para o desenvolvimento cerebral infantil. No livro *O cérebro da criança*, Siegel e Bryson explicam:

Na fase de desenvolvimento, o cérebro das crianças "imita" o dos pais. Em outras palavras, o crescimento e o desenvolvimento dos pais (ou a ausência deles) afetam o cérebro dos filhos. À medida que os pais ficam mais conscientes e emocionalmente saudáveis, os filhos se beneficiam e também ficam mais saudáveis. Isso significa que integrar e cultivar o seu cérebro é um dos presentes mais carinhosos e generosos que você pode dar ao seu filho.

A vontade de desenvolver o cérebro é uma perspectiva saudável. Acredito que a melhor forma de trabalhar no seu desenvolvimento pessoal seja se comprometendo a fazer o *Milagre da Manhã*. Se você estiver pronto para se comprometer, pode visitar: https://www.miraclemorning.com/Brazil/ e começar o desafio de trinta dias hoje mesmo!

COMO ENSINAR EMPATIA AOS SEUS FILHOS

No capítulo anterior, citei pesquisas que mostram que a empatia e a compaixão são inatas, e segundo estudos recentes, a empatia é uma habilidade que também pode ser ensinada. O projeto Making Caring Common [Tornando o cuidar comum], da Escola de Graduação em Educação de Harvard, é uma organização dedicada a ajudar educadores, pais e comunidades a criar crianças carinhosas, responsáveis com a comunidade e comprometidas com a justiça. Os cientistas destacam que, embora a empatia comece pela capacidade de se colocar no lugar de outra pessoa, é mais do que isso. Afinal, políticos, atores e comerciantes muitas vezes são bons em se colocar no lugar das outras pessoas, mas podem não se importar com elas. Portanto, a definição de empatia também inclui compaixão.

Como os pais podem estimular a empatia nos filhos? Richard Weissbourd e Stephanie Jones, do Making Caring Common, recomendam as cinco técnicas a seguir:

1. Ter empatia pelo seu filho e pelos outros para que as crianças possam imitar o seu comportamento

Como as crianças aprendem a empatia nos observando e também sentindo a empatia que temos por elas, inspirar esse comportamento é muito importante. Ter empatia pelos nossos filhos é um jeito de formar vínculos confiáveis e seguros com eles, o que vai inspirá-los a nos imitar. Você pode mostrar empatia pelos seus filhos ficando em sintonia com as necessidades físicas e emocionais deles, mostrando interesse em suas vidas e guiando todos para atividades que reflitam a personalidade de cada um, sempre respeitando a individualidade deles.

2. Elevar os padrões éticos e priorizar o ato de se importar com os outros

Para ajudar as crianças a valorizar a perspectiva alheia e demostrar compaixão pelos outros, é fundamental que elas aprendam com você que se preocupar com os outros é uma prioridade, e que os sentimentos alheios são tão importantes quanto os próprios. As crianças precisam entender que o mundo não gira ao redor delas, então ensine seus filhos a desligar a TV e ajudar em casa, a serem educados quando estiverem de mau humor e a deixar o interlocutor falar durante uma discussão.

3. Oferecer oportunidades para as crianças praticarem a empatia

As crianças podem nascer com a capacidade de ter empatia, mas é uma habilidade que precisa ser estimulada ao longo da vida. A empatia exige treino e orientação. Quando você leva em conta as perspectivas e circunstâncias alheias o tempo todo, acaba transformando a empatia em um reflexo natural, e por meio da tentativa e erro, ajuda as crianças a se aperfeiçoarem nisso.

4. Expandir o círculo de preocupações do seu filho

É fácil ter empatia pelos nossos parentes e amigos e é da natureza humana sentir empatia pelas pessoas que são como nós de alguma forma, mas a verdadeira questão é se as crianças (e adultos) têm empatia fora do próprio círculo. Portanto, é importante inspirar o apreço por vários tipos de pessoas. Podemos ajudar nossos filhos a entender e se importar com quem tem outras vivências e talvez enfrente desafios muito diferentes dos deles. Estimule as crianças a levar em conta os sentimentos dos mais vulneráveis, como um colega que tem problemas familiares ou não é popular. Dê a elas ideias simples para agir, como confortar um amigo que sofreu *bullying* na escola.

5. Ajudar as crianças a desenvolver o autocontrole e administrar sentimentos de modo eficaz

A empatia pode ser bloqueada por algum sentimento ou imagem forte o bastante para superar a capacidade de se importar com os outros. Raiva, vergonha, inveja ou outros sentimentos negativos podem ter esse efeito, então é importante ajudar as crianças a lidar com eles, além dos estereótipos e preconceitos em relação aos outros, para que a empatia consiga surgir.

Quando você reserva um tempo para ensinar seus filhos a ter empatia, ajuda-os a serem adultos preocupados e compassivos que viverão bem no mundo. Além disso, você diminui o egoísmo. Como Daniel Goleman define em *Inteligência social: o poder das relações humanas*: "O egoísmo em todas as suas formas mata a empatia, que dirá a compaixão. Quando mantemos o foco em nós, o mundo se contrai, porque os problemas e preocupações ganham escala, mas quando direcionamos o foco para os outros, nosso mundo se expande. Os problemas ficam em segundo plano na mente, então, parecem menores. Assim, aumentamos a capacidade de conexão ou compaixão."

A PERFEIÇÃO NÃO EXISTE

Um dos maiores fardos que os pais e mães carregam é a pressão para serem perfeitos. Nossos filhos dependem de nós para tudo. Com tanta coisa em jogo, a maioria dos pais e mães quer acertar sempre e tende a se criticar muito por qualquer erro.

Deixe-me aliviar você desse peso agora mesmo: não existe pai ou mãe perfeito(a). É um objetivo impossível, e correr atrás dele só vai levar à negatividade. Somos todos humanos e fazemos o melhor que podemos com as informações disponíveis no momento. Hal diz: "Desista de ser perfeito para ser autêntico." Eu me identifico com isso como mãe. Nossos filhos querem nos ver felizes. O melhor que podemos fazer por eles é manter o foco e nos tornarmos a melhor versão possível de nós mesmos. Mike e eu certamente não somos perfeitos, mas temos o compromisso de aprender, estamos abertos a novas abordagens e permitimos que nossos filhos nos deem elementos para sermos melhores como pais. Não acertamos 100% das vezes, então não se considere um fracasso caso não coloque em prática alguma parte deste livro.

É um desafio e tanto ser uma pessoa inspiradora para os seus filhos, mas é isso que representa a maternidade e a paternidade, no fim das contas. É questão de mostrar às crianças que não somos perfeitos, e ensiná-las a enfrentar as dificuldades do dia a dia. Também é questão de ser vulnerável e autêntico com elas. Como pais e mães, não precisamos saber todas as respostas, mas devemos estar dispostos a procurá-las. Como disse a ph.D. Brené Brown: "É a nossa capacidade de aceitar a imperfeição que vai ensinar os nossos filhos a ter a coragem de serem autênticos, além da compaixão de amar a si mesmos e aos outros e a ideia de conexão que dá o verdadeiro propósito e sentido à vida."

O perfeccionismo é apenas outra forma de medo

A perfeição parece ser o mais nobre dos objetivos, mas na verdade ela nos leva à paralisia e à falta de criatividade. Quando temos medo de cometer erros ou de parecer imperfeitos, gastamos tanto tempo e energia mantendo a fachada que não temos tempo ou disposição para viver a vida dos nossos sonhos. A perfeição também é relativa. A sua ideia de criação perfeita dos filhos pode estar em total desacordo com a ideia de outra pessoa. Descobri que é muito melhor ser claro em relação aos valores da sua família e criar a sua vida ideal a partir daí. Não importa em que ponto você esteja na vida, a mudança vai chegar. Crianças crescem, carros quebram, pessoas cometem erros, situações dão errado e também dão mais certo do que você esperava. Concentre-se no que quer fazer da vida e ficará surpreso com o quanto os seus desejos se realizam.

Deixe o objetivo da perfeição para trás e concentre-se no progresso. Fazer um minuto de meditação é melhor do que não meditar. O sushi do delivery consumido em família é melhor do que a refeição orgânica de quatro pratos que você fez do zero, mas não teve tempo de apreciar com quem ama. O filme a que você assiste com o parceiro depois que as crianças foram dormir é melhor do que o jantar fora que não aconteceu porque a babá cancelou na última hora. Quando conseguimos nos sentir bem com os nossos erros e dividir essa sensação com os nossos filhos, eles vão adotar o mesmo *mindset*.

Nosso amigo e escritor Rock Thomas sugere fazer a seguinte pergunta a si mesmo: qual a parte boa disso? Pode ser o que você tinha em mente ou não, mas se você assumir a perspectiva de que a situação atual já está perfeita, sua vida será mais feliz. Aceite o que é e faça o melhor com isso. Como diria Hal, você não pode mudar a situação atual, então siga em frente e aprecie o que ela tem de bom!

GRATIDÃO

O cérebro é literalmente programado para más notícias, sempre fornecendo informações sobre o que está errado. Você pode se concentrar nelas ou procurar o que está certo no mundo. A gratidão é uma das melhores perspectivas que podemos criar. Quando nos concentramos no que está dando certo, no progresso e nos acertos que fizemos, é incrível como a confiança e a disposição aumentam. Por outro lado, ficar obcecado pelos erros cometidos, reviver o passado ou se criticar pelo que não pode mudar vai fazer você se sentir vazio e sozinho. Mudar a perspectiva dos pensamentos destrutivos para gratidão pode ser o caminho para encontrar as soluções e avançar em qualquer situação difícil. Os cientistas descobriram que a taxa mágica é de cinco para um. É preciso vivenciar cinco vezes mais positividade do que negatividade para manter a gratidão. O exercício simples de escrever alguns motivos para ser grato diariamente pode virar o seu mundo de cabeça para baixo ou, nesse caso, colocá-lo de volta nos eixos!

MUDANÇA DE PERSPECTIVA EM RELAÇÃO AO PASSADO

Você pode mudar o passado? Não, mas pode mudar de perspectiva. O passado é a nossa lembrança do que aconteceu, e apenas uma das perspectivas possíveis. Se algo aconteceu no passado (o que certamente foi o caso), a forma como você cresce a partir dessa experiência vai mudar o que realmente aconteceu. Você pode escolher o significado das suas experiências e criar novos significados no futuro ao agir de modo diferente. Portanto, se você quiser mudar o passado, permita que ele dê autonomia a você hoje. Ao escolher novos significados para o que aconteceu e permitir que isso inspire novas ações hoje, você vai mudar o passado de modo eficaz.

Pessoas com *mindset* de crescimento acreditam que a inteligência vem a partir do esforço, enquanto as que têm um *mindset* fixo acreditam que nasceram com uma quantidade definida e imutável de inteligência. Os alunos com *mindset* de crescimento se saem melhor que os colegas com *mindset* fixo. Podemos fomentar o *mindset* de crescimento em nossos filhos pela forma de elogiá-los. Por exemplo, quando seu filho tirar uma boa nota, elogie o trabalho árduo em vez de dizer o quanto ele é inteligente. Quando sua filha fizer um gol no jogo de futebol, em vez de dizer que ela nasceu para isso, lembre o quanto ela se esforçou nos treinos. Por outro lado, se a criança se saiu mal no jogo, em vez de dizer que ela não nasceu para o futebol, diga para ela se esforçar mais na próxima oportunidade. Você pode ajudá-la a melhorar. Ela pode adicionar uma meditação de visualização ou algumas afirmações relacionadas ao futebol ao *Milagre da Manhã*. A ideia é fazer seus filhos perceberem que têm o poder de mudar o resultado do trabalho que fazem.

No livro *Pais superprotetores, filhos bananas*, Jessica Lahey explica o que precisamos dar aos nossos filhos:

À medida que progridem de uma equipe para outra, de um campeonato para outro ou desistem totalmente dos esportes, as crianças confiam nos pais para liderar a equipe familiar e fornecer o tipo de apoio inabalável para ajudá-las a enfrentar os fracassos mais vergonhosos e os mais edificantes. Nessas horas, elas precisam ouvir o seguinte: desde que compareçam ao campo ou quadra e façam o melhor, seja nos esportes ou em qualquer outra área, vamos manter a nossa parte do acordo e estar nas arquibancadas torcendo por elas.

Como ex-jogadora de hóquei sobre grama da divisão 1, posso afirmar que o apoio dos meus pais nas arquibancadas era tudo para mim e para meus colegas de equipe. Após um jogo muito difícil, independentemente do resultado, ser elogiada ou confortada pela equipe da casa fazia todo o esforço valer a pena.

OS FILHOS COMO PROFESSORES

Como eterna estudante com *mindset* de crescimento, acredito que posso evoluir e aprender com qualquer experiência e qualquer professor, incluindo os meus filhos. Quando os vejo como professores, posso ficar muito mais tranquila. As crianças são naturalmente mais presentes que os adultos, além de brincalhonas, observadoras e curiosas. Se você prestar atenção no que seu filho diz sobre você, enxergará tudo a partir de uma perspectiva reveladora. As crianças refletem nossos pontos fortes e fracos de volta para nós.

Enquanto levava Tyler para o treino de futebol certa tarde, olhei para o banco do passageiro e vi as contas da casa. Eu tinha esquecido completamente de pagá-las de manhã, e claro que era o último dia para fazer o pagamento sem multa. Imediatamente o meu "sistema de segurança" começou a berrar; avisei às crianças que uma mudança de planos tinha acontecido e que perderíamos o futebol naquele dia. Tyler, com toda a sua sabedoria, fez perguntas que ativaram o meu "cérebro do andar de cima" e começamos a resolver o problema juntos, da seguinte forma: eu o deixaria no treino (ele me lembrou de que eu não precisava ficar lá), pagaria as contas no banco e voltaria a tempo de buscá-lo.

No banco, a fila estava imensa e a maioria das pessoas estava lá pelo mesmo motivo, então era um cenário bem ranzinza, com exceção de Ember.

Ela ficou feliz da vida olhando as placas, começou a rodopiar com sua saia de princesa e até brincou com o senhor que estava atrás de nós, fazendo todos sorrirem.

Naquele dia, Tyler imitou a minha paciência e calma típicos quando eu mais precisei, e Ember me lembrou de apreciar cada momento da vida, até a espera na fila para pagar as contas!

Veja outro exemplo: no dia em que Mike e Tyler tiveram a primeira reunião do conselho familiar, eles estavam na garagem mexendo nos carrinhos de controle remoto quando Mike olhou para Tyler e foi tomado de amor pelo filho. Mike disse a Tyler que se orgulhava dele e era muito grato pelo menino ter vindo a este mundo para ensiná-lo sobre o amor e para suavizar o coração dele. Mike disse a Tyler o quanto adorava observá-lo brincando em seu espaço, a oficina. Tyler subiu no banquinho que estava ali perto, ficando mais alto que Mike, e o beijou na testa como um pai faria com o filho. Naquele dia, uma inversão de papéis aconteceu na garagem. Tyler virou o professor de Mike, e Mike virou o aluno de Tyler.

Quando damos aos nossos filhos a oportunidade de nos ensinar algo, em geral aprendemos muito, e eles se sentem valorizados e amados de um modo inteiramente novo. Mike reconheceu Tyler não só como criança e aluno, mas como professor. Foi um dos momentos mais bonitos e de maior orgulho dele como pai.

Ao nos mostrarmos abertos para isso, Mike e eu aprendemos paciência, aceitação, compreensão, gratidão, amor, propósito, legado, paixão, o ciclo da vida e muito mais com os nossos filhos. Acreditamos que essa perspectiva seja saudável e nos permite formar um vínculo mais profundo com eles. Expressar o amor virou uma prática diária em nossa casa. Durante a manhã, damos um abraço em família e dividimos a gratidão que sentimos uns pelos outros. É um jeito muito bom de começar o dia, e nos aproxima como família.

A última perspectiva que envolve tudo é cultivar a visão de que todos nós vivemos uma jornada singular e estamos aqui para viver o nosso propósito. Como disse Kahlil Gibran no belo poema "Sobre filhos":

Seus filhos não são seus filhos.

Eles são filhos e filhas da ânsia da vida por si mesma.
Eles vêm por meio de você, mas não de você,
E, embora estejam com você, eles não pertencem a você.

A CRIAÇÃO DE FILHOS E A JORNADA DO HERÓI

Recentemente, tivemos o privilégio de ouvir Pat Solomon falar sobre a experiência de fazer o filme *Finding Joe*, sobre o renomado especialista norte-americano em mitologia comparada Joseph Campbell, que passou a carreira estudando e analisando mitos de várias culturas e observou que essas histórias tinham muitos elementos em comum. Campbell associou esses elementos à jornada humana e criou um arcabouço que chamou de "jornada do herói". É esse conceito que move a obsessão da humanidade por histórias clássicas de heróis, como *Star Wars, O Senhor dos Anéis e Rocky: um lutador.* Somos fascinados pelo drama do herói ou da heroína nessas histórias porque nos inspiramos a virar o herói ou heroína da nossa história de vida. Todos nós torcemos pelo herói porque nos identificamos com ele, no fim das contas.

Na palestra, Solomon acrescentou a ideia de que todos nós interpretamos personagens diferentes ao longo da vida e, na verdade, estamos em várias jornadas ao mesmo tempo. Por exemplo, você pode estar no início da jornada como pai ou mãe e avançado na jornada como empresário. Ou a sua jornada como pai ou mãe de um bebê pode estar terminando para dar lugar ao início da jornada como pai ou mãe de uma criança que engatinha. Cada fase traz um novo conjunto de desafios e alegrias. E cada filho traz um conjunto singular de pontos fortes e oportunidades de crescimento.

A jornada do herói oferece ótimas perspectivas sobre a criação de filhos. Ela tem três fases: partida, iniciação e retorno.

Partida

Todos nós começamos no mundo comum, onde podemos nos sentir empacados ou vivenciar a falta de consciência, pois não sabemos o que ainda não sabemos. Então vivenciamos o chamado à aventura, que pode ser algo simples como o impulso de seguir uma borboleta pela floresta ou grandioso como o desejo de escrever um livro. A primeira reação ao chamado frequentemente é de resistência, porque não desejamos sair da zona de conforto. Podemos nos sentir empacados, mas a alternativa do desconhecido é mais assustadora, então ficamos no mesmo lugar. Depois, encontramos um mentor, que pode aparecer de várias formas. Pode ser uma pessoa, como um professor ou instrutor, mas também pode ser um livro ou uma ideia.

Iniciação

A primeira etapa da Iniciação é a Travessia do limiar. Depois que o compromisso com o chamado foi feito, é impossível voltar ao mundo comum. Essa etapa pode vir por decisão própria (você abandona o emprego para buscar sua paixão) ou alguém pode decidir no seu lugar (você é demitido). De qualquer modo, não há como voltar atrás. Quando você tem um filho, ultrapassa um limiar imenso. Nós podemos aceitar a jornada (com seus testes, aliados e inimigos) ou resistir a ela, mas não podemos mais voltar.

O passo seguinte é a Aproximação. É o momento em que nos aproximamos do tesouro metafórico. Na criação de filhos, isso pode acontecer quando eles vão para a faculdade, assumem os negócios da família, casam-se ou têm os próprios filhos. Você precisa definir qual é o seu tesouro como pai ou mãe. Não se esqueça de comemorar as pequenas vitórias alcançadas no caminho até o grande tesouro. Para nós, o tesouro final é ter filhos que conhecem o seu propósito na Terra e o amam todos os dias. Entretanto, para chegar lá, é preciso comemorar as pequenas vitórias (dar os primeiros passos, aprender a amarrar os sapatos, andar de bicicleta sozinho etc.) e estar presente para ajudá-los quando eles falharem (a primeira nota ruim em uma prova, a primeira vez em que forem xingados, o primeiro tombo de bicicleta etc.)

Após a Aproximação vem a Provação, também chamada de Morte e Renascimento. É o momento de perder uma parte de nós para nos transformarmos em outra pessoa ou em algo diferente. Isso acontece muitas vezes na jornada de criação dos filhos, desde que a criança embarca no ônibus da escola pela primeira vez até quando você ajuda o seu filho a se mudar para o dormitório da faculdade. Uma parte antiga de nós morre a fim de criar espaço para uma versão nova e melhorada. Antes de pegar o tesouro, é preciso matar o dragão, o que significa enfrentar nossos medos. Ao fazer isso, encontramos uma noção de coragem que não estava lá antes.

Após a Provação vem a Recompensa ou "Pegar a espada". Quando você tem filhos, sempre será pai ou mãe deles e, nessa jornada, será recompensado muitas vezes. Quando seus filhos aprenderem a falar, eles vão dizer "Eu te amo". Quando aprenderem a amarrar os próprios sapatos, você será recompensado com minutos extras de manhã. Quando aprenderem a dirigir, você será recompensado por não ter mais que ser motorista deles. Toda vez que seus filhos conquistarem independência, você ganha tempo para se concentrar em algo diferente.

Este ainda não é o fim da jornada; a próxima etapa é o Caminho de volta. Depois de encontrar o tesouro, o herói precisa trazê-lo para casa e dividi-lo com o vilarejo.

Retorno

Durante a fase do retorno, acontece uma ressureição. Na Provação, você perde um pouco de si mesmo para crescer, mas nessa etapa você se transforma em uma pessoa inteiramente nova a partir da jornada que viveu. A última etapa da jornada se chama Retorno com o elixir, que é basicamente contar a história da sua aventura ou, como gosto de ver, deixar um legado. Depois dessa etapa, a jornada pode recomeçar com um novo mundo comum ou, caso seja a jornada final, talvez apenas a história sobreviva.

A JORNADA DO HERÓI

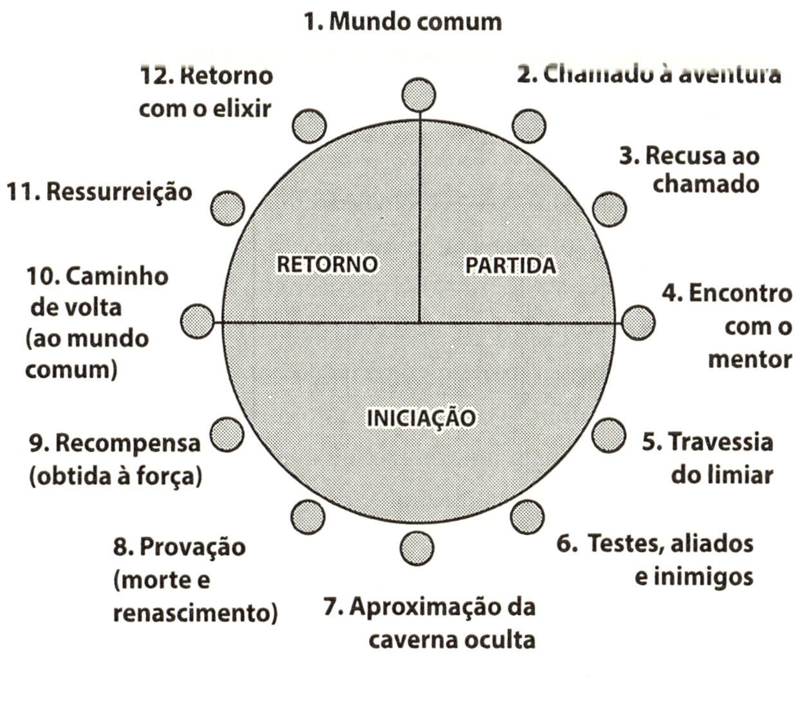

COMO APLICAR A JORNADA DO HERÓI À CRIAÇÃO DE FILHOS

O conceito da jornada do herói nos permite lembrar que fazemos várias jornadas na vida e que a vida em si é uma jornada. Usando um exemplo de proporções épicas do mundo real, vamos aplicar a jornada do herói ao treinamento para usar o banheiro. Ember e eu recentemente fizemos essa jornada! No início, o mundo comum era cheio de fraldas, bolsas com mudas de roupas limpas e lenços umedecidos. O chamado à aventura foi o objetivo de ensinar Ember a usar o vaso sanitário. A recusa ao chamado foram os ataques de birra de Ember e a vozinha dentro de mim que dizia: "Talvez seja cedo demais. Não seria mais fácil esperar?" O encontro com o mentor para mim foi descobrir que Ember teria que aprender a usar o banheiro para fazer aulas de esqui. Ela queria muito aprender a esquiar para ir com a mamãe e o papai à montanha e ser igual ao irmão mais velho. Essa foi a motivação da Ember para superar o medo e enfrentar o desconhecido.

A travessia do limiar aconteceu quando nos livramos das fraldas e compramos calcinhas para a nova menina que já não era mais um bebê. Depois, vieram os testes: lembrar Ember de ir ao banheiro antes de sair de casa, sempre saber onde está o banheiro mais próximo e, claro, os acidentes. Nossos aliados foram os outros pais passando pela mesma situação, além dos professores da pré-escola dela. O inimigo era a incerteza de não saber se ela passaria por isso tranquilamente. A aproximação aconteceu quando os acidentes diminuíram, ficando mais espaçados, e ela teve as pequenas vitórias de se manter seca durante o cochilo e até a noite inteira, na maioria das vezes.

Tivemos algumas provações ao longo do processo. Por exemplo, durante uma viagem de carro, nós paramos para ir ao banheiro e Ember simplesmente se recusou a ir. Houve ameaças, subornos e gritos. Não foi bonito e todos nós morremos um pouco naquele dia, mas as lições aprendidas com a experiência foram valiosas. Eu enfrentei os medos e matei o meu dragão quando entendi que ela conhece o próprio corpo e eu não poderia obrigá-la a ir ao banheiro. Já Ember aprendeu que a persistência vence. E foram várias recompensas. Ember ganhou confiança e autonomia, eu não precisava mais carregar fraldas e lenços e, claro, nunca mais precisei trocar uma fralda suja de cocô! O caminho de volta foi compartilhar nossa experiência com outros pais que viviam a mesma situação e o que aprendemos ao longo processo. Eu ressuscitei como uma mãe mais tranquila que não precisava mais carregar uma bolsa de fraldas e estava livre para sair de casa com mais facilidade.

OS FILHOS E SUAS JORNADAS INDIVIDUAIS

Abrir mão é uma das partes mais difíceis de ser pai ou mãe. À medida que os filhos crescem e ficam mais independentes, precisamos entender que eles terão jornadas individuais e dar essa oportunidade a eles. Nós crescemos mais quando falhamos, portanto, devemos deixá-los enfrentar dificuldades para permitir o aprendizado. Quando eles são testados, é ótimo atuar como aliados, mas precisamos permitir que eles sejam os heróis das próprias histórias. Quando seu filho esquecer a mochila em casa, ele vai enfrentar alguns desafios na escola, mas ao correr para resgatá-lo, o que nós ensinamos? Que ele não precisa ser responsável, pois vamos resolver o problema dele. Quando somos os heróis o tempo todo, eles ficam dependentes de nós e não aprendem a agir por conta própria.

É preciso ser o herói da própria história em vez de vivê-la indiretamente ou tentar ser o herói ou a heroína para os nossos filhos. O grande papel dos pais e mães é ser o sistema de apoio ao longo da vida. Precisamos estar ao lado dos nossos filhos, validar os sentimentos deles e dividir as lições aprendidas com a nossa jornada, sem ditar a deles. Precisamos permitir que eles vivam a própria jornada a fim de aprender as lições que vão levá-los à vida adulta. O trabalho dos pais e mães não é protegê-los do mundo, e sim ajudá-los a desenvolver as habilidades necessárias para participar ativamente dele. É preciso dar espaço para que eles tenham as próprias experiências e tragam as histórias de volta ao vilarejo. Também precisamos estar em casa quando eles voltarem para contar suas aventuras e estar dispostos a ouvir essas histórias. Como disse Campbell: "Siga a sua alegria", e eu acrescento: permita que seus filhos tenham a oportunidade de encontrar a própria alegria.

CONSIDERAÇÕES FINAIS SOBRE PERSPECTIVA

Criar filhos dá a você oportunidades diárias para falhar, fazer as pazes com o fracasso e mudar a abordagem para agir melhor da próxima vez. Os filhos nos ajudam a criar as mudanças que queremos ver neles. É preciso estimulá-los a serem os heróis das próprias histórias e a aprender com suas experiências singulares. O amor que sentimos por eles nos leva ao aperfeiçoamento pessoal, dando a eles a liberdade de se aperfeiçoarem também. Nas palavras do Mestre Shifu em *Kung Fu Panda 3*: "Não quero ensinar você a ser eu, estou tentando ensinar você a ser você."

Mike e eu acreditamos muito que todos os acontecimentos da vida existem para nos ensinar algo. Como leitor deste livro, você está se dedicando a aprender. O segredo é aprender não só procurando livros, seminários, podcasts, mentores e coaches, como a partir de tudo o que acontece em sua vida. Como diz nosso amigo Matt Aitchison: "Sou um estudante da vida e estou sempre procurando o próximo professor." Essa é uma perspectiva saudável quando se trata de viver a vida ao máximo e virar o melhor pai ou mãe que puder.

PERFIL DE CRIAÇÃO DE FILHOS

David Osborn

David é empreendedor, palestrante e escritor. Ele também é o principal proprietário da Keller Williams Realty, a 19ª maior empresa de corretagem de imóveis dos Estados Unidos, que faturou mais de 5,2 bilhões de dólares em vendas no ano passado.

David é pai de duas filhas, com 6 e 28 anos de idade. Ele e a esposa, Traci, vivem em Austin, no Texas.

FILOSOFIA PARA CRIAÇÃO DE FILHOS

A responsabilidade de criar um filho é grande, mas no fim das contas eu acho que nosso trabalho é apenas dar espaço para que a criança se torne a pessoa que ela precisa ser. Mesmo me sentindo responsável e assumindo esse fardo, entendo que não posso controlar o destino dela. Estou aqui para dar apoio e cuidar de sua nutrição ao longo do crescimento. Em vez de fazer perguntas que levem ao resultado que procuro, faço perguntas abertas. "Como foi o seu dia?" "O que você gostou de fazer?" "Do que você gosta em relação a isso?" Eu não guio minhas filhas para uma direção específica, apenas garanto um espaço de amor e curiosidade e crio a estrutura para que elas cresçam e se transformem no que precisam ser.

Como *O Milagre da Manhã* afetou sua forma de criar os filhos?

As visualizações e afirmações são atividades que eu conhecia, mas não usava muito até a praticar o *Milagre da Manhã*. Visualizo minha família convivendo em um ambiente tremendamente gentil e amoroso. Como acontece com tudo na vida, quanto mais eu visualizo e afirmo, mais isso acontece.

MELHORES DICAS PARA CRIAR OS FILHOS

Cuidar da saúde. Sou um pai mais velho e quero conviver com meus filhos por muito tempo. Mudei minha alimentação de modo a ficar saudável para eles. Também mudei a rotina de exercícios físicos. Tudo o que faço agora se concentra em aumentar a longevidade, permitindo que eu tenha mais tempo para os meus filhos. Provavelmente estou em melhor forma agora, aos quarenta e poucos anos, do que estava aos trinta e poucos. E boa parte disso tem a ver com essa mudança de foco.

Ter cuidado com o perfeccionismo. Minha experiência de paternidade envolve questionar o tempo todo se fiz algo certo ou errado. Eu poderia ter feito isso melhor? A consciência desses erros indica o meu desejo de ser um ótimo pai. Sou grato por isso, mas não ouço essa parte de mim que deseja se preocupar e trapacear o tempo todo. O perfeccionismo é um hábito, como roer as unhas. Quando você tem consciência de que não deseja mais roer as unhas, simplesmente para de fazer isso.

Como tudo na vida, não tenho qualquer problema em duvidar de mim mesmo, pois sou empreendedor e enfrento vários desafios há muito tempo.

Prestar atenção à alimentação. Nós nos preocupamos muito com o que comemos. A maioria dos pais sabe que não é fácil fazer as crianças consumirem alimentos saudáveis. Tivemos algumas vitórias e derrotas. Nossa filha come abóbora ou sementes de girassol e adora frutas, o que são vitórias para nós.

Jogar bola com as crianças. Quando minha filha nasceu, li um artigo dizendo que a diferença na coordenação entre as mãos e os olhos é importantíssima nos esportes. Se você ficar apenas cinco minutos brincando de bola com seu filho todos os dias, seja rolando a bola no chão ou jogando para ele pegar, vai treinar esse tipo específico de coordenação.

Manter tudo em perspectiva. Eu tinha uma placa pendurada na parede da garagem. Era um quadro branco onde escrevi: "Pense para a eternidade." Eu penso: o que vai acontecer daqui a mil anos? Qual o impacto que nossas ações no presente terão no mundo daqui a mil anos? Se você pensar assim, não vai se preocupar com problemas pequenos, porque eles não têm importância. Criar filhos que se preocupam com o mundo, sejam responsáveis e tenham integridade moral é o melhor legado que você pode deixar. Pensar na própria mortalidade ajuda a colocar tudo em perspectiva.

Ter consciência de que a vida é muito curta. Viemos do pó, ao pó voltaremos, e eu sempre me lembro disso. Ao perceber que o seu tempo na Terra está cada vez menor, independentemente de qual seja o fim, isso leva você a não desperdiçar momento algum com ansiedades bobas, além de atividades ou comportamentos que fazem você perder tempo. Ser ansioso é um desses comportamentos. Eu preciso estar totalmente presente para conquistar os meus objetivos e missões, e ser pai é uma delas. Não vou servir ao meu filho se me entregar à ansiedade em relação a servi-los.

CONSIDERAÇÕES FINAIS

A consciência é imensa e funciona em vários aspectos da vida. É onde tudo começa, com um simples desejo. Acordar cedo para fazer o ritual matinal, o *Milagre da Manhã*, e perguntar: do que eu preciso ter consciência hoje? Estou no caminho certo ou não? E que afirmações me ajudariam a ser um pai melhor?

PERFIL DE CRIAÇÃO DE FILHOS

Traci Osborn

Traci é mãe e fica em casa em tempo integral. Ela mora em Austin, no Texas, com o marido, David, e tem uma filha de 6 anos.

Como ser mãe afetou sua vida?

Acho que criar filhos é uma ótima forma de aprender compaixão. Ser mãe me ensinou um tipo mais profundo de amor, uma compreensão mais profunda das pessoas em geral, de suas circunstâncias e das situações pelas quais estão passando.

MELHORES DICAS PARA CRIAR OS FILHOS

O fracasso é o melhor aprendizado. Como pais e mães, precisamos mudar de perspectiva em relação ao fracasso. É inevitável se criticar, porque a relação com os filhos é muito importante. Afinal, eles dependem de você para tudo. Como parar de se criticar? Basta lembrar que você é um ser humano que comete erros e não se deixar abalar quando eles acontecerem. Do contrário, você não cresce, não avança, não consegue superar o erro e isso não ajuda ninguém.

Não dizer ao seu filho para "ter cuidado". Preciso me controlar para não dizer à minha filha para "ter cuidado" o tempo todo. Eu quero que ela cometa os próprios erros. Se algo acontecer e ela chorar, isso vai gerar um aprendizado, algo que não vai acontecer se a mãe ou o pai resolverem os problemas dela o tempo todo.

Prefira usar "tenha consciência". A frase que aprendi foi: "Tenha consciência do seu corpo". Isso não diz que o mundo é assustador e você precisa ter cuidado. Apenas significa "tenha consciência do que está acontecendo. Você pode cair. Você quer correr esse risco? Se quiser, vá fundo." Assim, eles podem decidir entre "quero correr esse risco" e "não quero correr esse risco".

Reavaliar. Uma boa criação de filhos envolve pensar, analisar e perguntar o tempo todo "Isso ainda é bom para ela?" Talvez ano que vem não seja mais, portanto esteja disposto a mudar de abordagem se descobrir que algo não está mais dando certo.

Cuidar de si mesmo é importante. Faço ginástica para aliviar o estresse e reservo um tempo para mim. Se você não fizer isso, vai ficar esgotado. Eu tento me lembrar de que estou fazendo o melhor que posso. E isso é tudo o que se pode fazer.

Dar voz a seus filhos. O simples fato de ter voz e poder expressar sua opinião quando criança é algo imenso. E você não vai precisar se rebelar mais adiante, porque sempre teve voz. Antigamente, você era malcomportado ou rebelde se falasse o que pensava, mas agora isso é permitido. Os pais e mães podem perguntar: "Qual é a sua opinião? Diga o que você acha. Vamos trabalhar nisso juntos." Eu adoro o fato de que as crianças podem nos ensinar tanto quanto nós podemos ensiná-las.

História de sucesso na criação dos filhos

Como muitos pais, eu costumava gritar demais. Não tenho orgulho disso, mas provavelmente é um comportamento que aprendi na infância. Quando eu era pequena, o objetivo era ser obediente, mas se você quiser que as crianças sejam comportadas, gritar não ajuda. Mesmo depois de parar, olhar e analisar, ainda quero voltar a esse comportamento automático quando estou frustrada ou com pressa; ainda estou trabalhando nisso. A verdade é que todo sucesso na vida exige o fracasso, seja na criação de filhos, no trabalho ou nos relacionamentos. Criar filhos é uma dessas habilidades que exigem aprender com os próprios erros, pois eles serão o caminho para o sucesso.

CONSIDERAÇÕES FINAIS

Um recado para as mães: acho que as mulheres enfrentam mais dificuldades do que os homens. As mães sentem uma responsabilidade enorme e se criticam muito. Elas não tiram tempo para descansar ou se cuidar. Esse é um grande erro. É preciso reservar tempo para si mesma a fim de ser uma pessoa melhor e recarregar as energias. Se você não fizer isso, vai ficar esgotada a ponto de esquecer que também é uma pessoa, não só uma estrutura para seus filhos e família. Você tem suas necessidades e desejos. Essa é provavelmente uma das partes mais importantes na criação de filhos: lembrar que você precisa de tempo e espaço para ser uma mãe e parceira melhor.

Capítulo 10

A EQUAÇÃO DO MILAGRE

Capítulo bônus escrito por Hal Elrod

Para os que estiverem dispostos a se esforçar, grandes milagres e tesouros maravilhosos estão por vir.

— Isaac Bashevis Singer, escritor e ganhador do Prêmio Nobel

Agora você entende que *pode* acordar cedo, manter níveis extraordinários de disposição, direcionar o foco e dominar as lições nada óbvias de Lindsay e Mike para ter sucesso na criação de filhos. Se você também aplicar o que vem a seguir ao seu jeito de criar os filhos, chegará muito além e será um pai ou mãe verdadeiramente excepcional.

Para dar esse salto, existe mais uma ferramenta útil para aumentar sua caixa de ferramentas e ajudar você a chegar lá: a Equação do Milagre.

A Equação do Milagre é a estratégia subjacente que usei para realizar meu potencial completo como vendedor e pai. Ela envolve a forma de lidar com seus objetivos. Dan Casetta, um dos meus mentores, ensina: "O verdadeiro propósito de um objetivo não é atingi-lo, e sim se desenvolver até virar o tipo de pessoa que poderá conquistar seus objetivos, independentemente de atingir aquela meta específica ou não. É a pessoa em quem você se transforma ao dar tudo de si por esse objetivo até o último momento que mais importa, não importando os resultados."

Quando você decide manter um objetivo que parece inalcançável apesar de a possibilidade de fracasso ser alta, fica particularmente concentrado, fiel e intencional. Um objetivo ambicioso exige que você descubra o que é capaz de fazer!

DUAS DECISÕES

Como acontece em todo grande desafio, é preciso tomar decisões relacionadas à conquista do objetivo. Você pode definir um prazo e criar um plano, fazendo a seguinte pergunta: "Se eu fosse conquistar meu objetivo nesse prazo, que decisões eu precisaria tomar e com o que precisaria me comprometer antecipadamente para conseguir?"

E você vai descobrir que as duas decisões de maior impacto sempre serão as mesmas, não importa o objetivo. Elas formam a base da Equação do Milagre.

PRIMEIRA DECISÃO: FÉ INABALÁVEL

Houve um momento da vida em que eu estava tentando conquistar um objetivo de vendas impossível. Vou usá-lo como exemplo para ilustrar o que quero dizer. Embora esse exemplo venha da minha experiência como empreendedor, vou mostrar como isso se aplica à criação de filhos (ou a qualquer contexto). Foi um momento estressante, e eu já sofria com o medo e as dúvidas, mas o processo de pensar no objetivo me obrigou a ter uma percepção importante. Para conquistar o aparentemente impossível, eu teria que manter uma fé inabalável todos os dias, *independentemente dos meus resultados.*

Eu sabia que duvidaria de mim em alguns momentos e também que, em outras ocasiões, estaria muito longe do rumo, a ponto de o objetivo não parecer mais alcançável. Nesses momentos, eu precisaria vencer as dúvidas com a fé inabalável.

Para manter o nível de fé nesses momentos desafiadores, eu repetia o que chamo de Mantra do milagre:

Eu vou ________________ (objetivo a ser conquistado), não importa o que aconteça. Não há outra opção.

Entenda que manter a fé inabalável não é *usual* e nem o que a maioria das pessoas faz. Quando parece que o resultado desejável não vai acontecer, as pessoas comuns abandonam a fé nesse resultado. Quando o jogo é decisivo, o time está perdendo e faltam apenas alguns segundos, apenas os fora de série como Michael Jordan não hesitam em dizer à equipe: "Passem a bola para mim."

O resto do time respira aliviado porque não precisa enfrentar o medo de errar o lance vencedor do jogo, enquanto Michael Jordan se baseia em uma decisão tomada em algum ponto na vida de manter a fé inabalável, apesar de haver a possibilidade de errar. (Embora Michael Jordan tenha errado 26 arremessos vencedores de jogos em sua carreira, a fé de que ele acertaria todos nunca se abalou.)

Essa é a primeira decisão tomada por pessoas de muito sucesso, e você pode fazer o mesmo.

Quando você está trabalhando em um objetivo e não está no rumo certo, o que sai pela janela em primeiro lugar? *A fé de que o resultado desejado é possível.* O seu diálogo interno fica negativo: *Não estou no rumo certo. Não parece que vou alcançar meu objetivo.* E a cada momento a fé diminui.

Você não precisa aceitar isso, pois tem a capacidade e a opção de manter a fé inabalável, não importa o que aconteça e independentemente dos resultados. Isso é crucial na criação de filhos, pois os resultados muitas vezes estão fora do seu controle direto. Você pode duvidar de si mesmo, ter um dia ruim com as crianças e questionar se tudo vai dar certo nos momentos mais difíceis. Contudo, é preciso encontrar repetidamente a fé de que tudo é possível e mantê-la ao longo da jornada, seja o objetivo de ensinar a criança a usar o banheiro em trinta dias ou de ter uma carreira de pai ou mãe de trinta anos.

É muito importante enxergar seu papel de pai ou mãe como algo diretamente relacionado a outras profissões de alto desempenho, porque os paralelos são inequívocos. Se você não reservar um tempo para encontrar esses paralelos, poderá descobrir que está se concentrando nos fracassos na criação dos filhos em vez de manter o foco nos sucessos. E se você se concentrar nos fracassos, seus filhos farão o mesmo, e não é isso o que você quer. Portanto, continue comigo.

Os atletas de elite têm a fé inabalável de que podem acertar qualquer jogada. Essa fé, que você também precisa desenvolver, não se baseia na probabilidade; ela vem de um lugar totalmente diferente. A maioria dos vendedores se baseia no que é conhecido como *lei das médias*, mas estamos falando da *lei dos milagres*. Quando você erra uma jogada atrás da outra, é preciso dizer o mesmo que Michael Jordan diz a si mesmo: "*Errei três vezes, mas quero a próxima bola, e vou acertar a próxima jogada.*"

E se você errar de novo, *sua fé não se abala*, pois você repetirá o Mantra do milagre:

Eu vou ________________ [insira seu objetivo], não importa o que aconteça. Não há outra opção.

Depois, você mantém a integridade e faz o que prometeu a si mesmo.

Um atleta de elite pode estar no seu pior momento quando não consegue acertar uma jogada no momento mais importante da partida. Porém, no último instante, na hora em que a equipe precisa dele, o atleta começa a acertar. Esse jogador de elite sempre quer a bola, mantendo a crença e fé inabaláveis. No último instante, ele acerta três vezes mais do que fez no jogo inteiro.

Por quê? Essa pessoa se condicionou a ter fé inabalável no próprio talento, habilidade e capacidade, independentemente do que diz o placar ou as estatísticas.

Eles também combinam a fé inabalável com a parte dois da Equação do Milagre: esforço extraordinário.

SEGUNDA DECISÃO: ESFORÇO EXTRAORDINÁRIO

Quando você permite que a fé voe pela janela, o esforço quase sempre vai embora logo atrás. Afinal, *qual o sentido de tentar conquistar um objetivo impossível?* Subitamente, você passa a questionar como vai ensinar seu filho a ler, a ter boas maneiras ou estudar, que dirá alcançar o grande objetivo que está trabalhando para conseguir.

Eu já estive nessa situação de ficar desanimado muitas vezes e questionar: *qual o sentido de tentar?* Você pode pensar: *Não tenho como conseguir isso. Meus filhos estão indo na direção errada.*

É aí que entra o esforço extraordinário. Você precisa manter o foco no objetivo original e se reconectar com a visão que tinha para ele, o grande *motivo* que estava em seu coração e mente quando definiu o objetivo, para início de conversa.

Você precisa fazer o caminho reverso no objetivo, perguntando: *estou no fim do mês. O que eu precisaria ter feito se quisesse conquistar esse objetivo?*

Seja qual for a resposta, será necessário manter a consistência e perseverar, independentemente dos resultados. É preciso acreditar que você ainda pode ter sucesso, mantendo a fé inabalável e o esforço extraordinário até ouvir a campainha tocar. É o único jeito de criar a oportunidade para que o milagre aconteça.

Como pais, nosso esforço extraordinário é inspirar o comportamento que queremos e criar o ambiente que vai permitir o crescimento dos filhos. Nós os estimulamos, apoiamos e motivamos. Não usamos a força, pois esse tiro sempre sai pela culatra. Nós oferecemos a estrutura e deixamos que os filhos tenham livre escolha dentro dela.

Se você agir como as pessoas comuns e fizer o que a natureza humana manda, jamais vai deixar de ser um pai ou mãe comum. Não escolha a mediocridade! Lembre-se: os pensamentos e ações criam seus resultados e são profecias que sempre se cumprem. Portanto, gerencie-os com sabedoria.

Permita-me introduzir você na vanguarda e na estratégia capaz de praticamente garantir que todos os seus objetivos se realizem.

A EQUAÇÃO DO MILAGRE

Fé inabalável + esforço extraordinário = milagres

É mais fácil do que você pensa. O segredo para manter a fé inabalável é reconhecer que se trata de um *mindset* e uma *estratégia*, em vez de algo concreto. Na verdade, trata-se de algo fugaz. Nenhum vendedor fecha *todas* as vendas. Nenhum atleta acerta *todas* as jogadas. É impossível vencer todas as batalhas como pai ou mãe. Portanto, é necessário se programar para ter a fé inabalável que levará você a manter o esforço extraordinário, independentemente dos resultados.

Lembre-se: o segredo para colocar essa equação em prática e manter a fé inabalável em tempos de insegurança é o Mantra do milagre:

Eu vou __________________, não importa o que aconteça. Não há outra opção.

Quando definir um objetivo, coloque-o no formato do *Milagre da Manhã*. Sim, você vai dizer suas afirmações todas as manhãs (e talvez à noite também). Mas o dia inteiro, todos os dias, você também vai repetir o Mantra do milagre enquanto leva os filhos à escola de carro, pega o metrô até o escritório, enquanto está na esteira, no chuveiro, na fila do supermercado, ou seja, *em todos os lugares.*

O mantra do milagre vai fortalecer sua fé e será o diálogo interno necessário para fazer só mais uma tentativa depois de várias que não tiveram sucesso.

Lição bônus

Você se lembra do que aprendi com o mentor Dan Casetta sobre o propósito dos objetivos? É preciso se transformar no tipo de pessoa que *pode* conquistar o objetivo. Nem sempre você vai conseguir, mas poderá virar uma pessoa que mantém a fé inabalável e faz um esforço extraordinário, independentemente dos resultados. É assim que você se transforma no tipo de pessoa que precisa ser para conquistar objetivos extraordinários de modo consistente. Que ótima lição para seus filhos!

Embora alcançar o objetivo quase não seja importante (quase!), você vai alcançá-lo com muita frequência. Os atletas de elite vencem o tempo todo? Não, mas vencem na maioria das vezes. E você também vai conseguir isso.

Você pode acordar mais cedo, fazer os Salvadores de Vida com paixão e empolgação, manter-se organizado, concentrado e focado e dominar todos os desafios da criação de filhos com maestria. Ainda assim, se você não combinar a fé inabalável ao esforço extraordinário, não vai alcançar o nível de sucesso que procura.

A Equação do Milagre oferece acesso a forças que estão além da compreensão humana, usando uma energia que gosto de chamar de Deus, Universo, Lei da Atração ou até de sorte. Não sei como funciona, só sei que funciona.

Se você leu até aqui, certamente quer o sucesso mais do que quase tudo na vida. Comprometa-se a seguir todos os aspectos de sua jornada de criação dos filhos, incluindo a Equação do Milagre. Você merece e eu desejo que consiga!

PARA COLOCAR EM PRÁTICA

1. Escreva a Equação do Milagre e deixe-a onde você pode ver todos os dias: **Fé inabalável + esforço extraordinário = milagres (FI + EE = M∞)**
2. Qual é o objetivo número 1 de sua jornada de criação dos filhos este ano? Qual objetivo deixaria você mais próximo da vida familiar ideal caso fosse conquistado?
3. Escreva o Mantra do milagre: Eu vou ____________________, não importa o que aconteça. Não há outra opção.

É mais uma questão de quem você se transforma ao longo do processo. Depois de expandir a autoconfiança, você será o tipo de pessoa que sempre dará tudo de si quando tentar conquistar um objetivo, independentemente do resultado. E vai repetir isso para todos os objetivos que desejar.

CONSIDERAÇÕES FINAIS

Parabéns! Você fez o que pouquíssimas pessoas fazem: leu um livro inteiro. Chegar até aqui me diz algo a seu respeito: você está faminto por mais. Você quer ser mais, fazer mais, contribuir mais e ganhar mais.

Você tem a oportunidade inédita de aplicar os Salvadores de Vida aos seus negócios e à vida, transformando sua rotina diária (e sua vida) em uma experiência de primeira classe, maior que os seus sonhos mais desvairados. Quando você perceber, vai ter colhido os benefícios astronômicos dos hábitos que os principais conquistadores seguem todos os dias.

Daqui a cinco anos, sua vida familiar, seus negócios, relacionamentos e sua renda serão resultado direto *da pessoa em quem você se transformou*. Cabe a você acordar todos os dias e investir tempo para se transformar na melhor versão de si mesmo. Aproveite este momento, defina uma visão para o futuro e use o que aprendeu neste livro a fim de transformar sua visão em realidade.

Imagine-se encontrando daqui a alguns anos o diário que começou após terminar este livro. Nele, você vai rever os objetivos e sonhos que escreveu e não ousou falar em voz alta na época; ao olhar ao redor, você vai perceber que *aqueles sonhos representam a sua vida atual*.

Agora você está no pé de uma montanha que pode escalar sem esforço. Basta continuar acordando todos os dias, fazendo o *Milagre da Manhã* e usando os Salvadores de Vida, mês após mês, ano após ano. Tudo isso levará *você*, sua *família* e o seu sucesso a níveis inéditos e extraordinários.

Combine o *Milagre da Manhã* ao compromisso de dominar as lições para ser um pai ou mãe excepcional e use a Equação do Milagre para criar resultados que a maioria das pessoas apenas sonha em conseguir.

Este livro foi escrito para expressar o que sabidamente vai funcionar para você levar todas as áreas da vida a outro patamar, mais rápido do que acredita ser possível no momento. As pessoas de desempenho milagroso não nasceram assim; elas dedicaram a vida a desenvolver as habilidades necessárias para conquistar tudo o que sempre desejaram.

Você pode ser uma delas, eu prometo.

Hora de agir: o desafio de trinta dias de *O Milagre da Manhã*

Agora é hora de se juntar a dezenas de milhares de pessoas que mudaram de vida com *O Milagre da Manhã*. Entre na comunidade on-line, em TMMBook.com [em inglês], baixe o kit de ferramentas em: https://www.miraclemorning.com/Brazil/ e comece *agora*.

UM CONVITE ESPECIAL DO HAL (CASO VOCÊ TENHA PERDIDO O PRIMEIRO)

Os fãs e leitores de *O Milagre da Manhã* formam uma comunidade extraordinária de indivíduos com ideias em comum que acordam todos os dias *com um propósito* e se dedicam a atingir o potencial ilimitado que existe em cada um de nós. Por ser o idealizador de *O Milagre da Manhã*, era minha missão criar um espaço na internet em que os leitores e fãs pudessem se conectar, além de obter estímulo, compartilhar as melhores práticas, oferecer apoio mútuo, discutir o livro, publicar vídeos, encontrar parceiros de responsabilização e até trocar receitas e séries de exercícios físicos.

Eu não imaginava que *The Miracle Morning* se tornaria uma das comunidades on-line mais inspiradoras, engajadas e de apoio mútuo do mundo, mas foi o que aconteceu. Estou realmente maravilhado com o nível e o caráter de nossos mais de quarenta mil integrantes, que vêm de todo o mundo e crescem diariamente.

Visite **MyTMMCommunity.com** e solicite a inscrição na comunidade *Miracle Morning* no Facebook [em inglês]. Lá, você poderá se conectar com outros praticantes do *Milagre da Manhã* (muitos vêm fazendo isso há anos) para obter mais apoio e acelerar o seu sucesso nessa jornada.

Eu modero a comunidade e apareço de tempos em tempos. Espero encontrar você por lá!

Se quiser falar comigo nas redes sociais, siga **@HalElrod** no Twitter. E no Facebook, acesse **Facebook.com/YoPalHal**. Fique à vontade para me mandar uma DM, deixar um comentário ou fazer uma pergunta. Sempre me esforço para responder a cada uma delas, então em breve nos falamos!

Este livro foi composto na tipografia Minion
Pro, em corpo 11/16, e impresso em
papel off-white no Sistema Cameron da
Divisão Gráfica da Distribuidora Record.